D1666204

Verlag Bibliothek der Provinz

25. 8. 2011

Wolfgang Glechner
DER SCHWER ERZIEHBARE
KLEIDERKASTEN DES DR. FREUD
Erzählungen

herausgegeben von Richard Pils

ISBN 978-3-902416-22-3

© *Verlag* Bibliothek der Provinz
A-3970 WEITRA 02856/3794
www.bibliothekderprovinz.at

Illustrationen vom Autor
Hintere Umschlagzeichnung: Yu Hui

Wolfgang Glechner

DER SCHWER ERZIEHBARE KLEIDERKASTEN DES DR. FREUD

Erzählungen

für Claudia, Elfriede und Hans

Handlungen und Namen sind frei erfunden.
Jegliche Ähnlichkeit mit realen Personen oder
Ereignissen wäre rein zufällig.

INHALT

Ein etwas vergesslicher Herr   7

Der Herr der Inge   17

Franz im Glück   29

Der Heidelbeeryogi   35

Der Kaufhauserpresser   56

Der schwer erziehbare Kleiderkasten des Dr. Freud   80

Die Krönung Ferdinands des Zweiten
zum König von Böhmen   90

All you can eat   114

Der Radausflug   124

Die Bewerbung   133

Die richtige Reihenfolge   135

Hunde   140

EIN ETWAS VERGESSLICHER HERR

Neulich war ich unterwegs auf der Dingsstraße, die Dings, na, wie heißt sie denn ... Verzeihung, ich bin leider oft zerstreut und sehr vergesslich! Ich fang besser noch mal von vorne an: Also, da geh ich doch neulich die Mariahilfer..., Mariahilfer... – Äh, wie heißt das gleich, wo die Autos fahren? Na, Sie wissen schon, wo die Autos drauf fahren.

Straße, danke! Mariahilferstraße also.

Also, ich geh gerade die Mariahilferstraße runter, und da fällt mir ein, ich muss mir einen Wochenfahrschein kaufen, zum Heimfahren. Ich erinnere mich, dass in der nächsten Seitengasse gleich mal eine Trafik sein muss.

Auf einmal redet mich die Kassiererin an und sagt: Dreiundzwanzig Euro.

Sag ich: Wieso? Seit wann kostet ein Wochenfahrschein dreiundvierzig Euro?

Wir haben keinen Wochenfahrschein, mein Herr, so was hat vielleicht die Trafik nebenan, Sie stehen hier bei der Kassa vom Hintermayer, mit einem Mikrowellenkochbuch in der Hand, und außerdem hab ich gesagt dreiundzwanzig, nicht dreiundvierzig.

Tatsächlich habe ich ein Buch in der Hand mit dem Titel „Kulinarisch zaubern mit Mikrowellen". Ich gebe mich geschlagen und zahle. Das dicke Kochbuch lege ich in meinen Einkaufskorb und verlasse den Buchladen.

Kurz darauf spricht mich eine Dame an: Der Herr wünschen?

Aber auch sie hat keine Fahrscheine. Denn ich stehe im Papierladen Mastnak, sagt sie.

Um nicht zugeben zu müssen, dass ich mich verirrt habe, fingere ich achtlos irgendeine Glückwunschkarte aus einem Drehständer neben der Kassa und bezahle gleich. Draußen auf der Gasse lese ich, was da in goldenen Lettern auf dem Billett eingeprägt ist, auf einer rosa Schleife quer über einen Strauß Vergissmeinnicht: Marmorstein und Eisen bricht, steht da, aber unsre Liebe nicht! Viel Glück zu unserem Hochzeitstag!

Kein Mistkübel in Sichtweite. Ich lege also die Karte einstweilen in den Korb zum Mikrowellenkochbuch.

Bald darauf ertappt mich eine Verkäuferin beim Befingern eines erotischen Negligés. Scheinbar bin ich wieder nicht in der Trafik. Tatsächlich! Ich befinde mich in einem Laden für Damenunterwäsche und Dessous.

Um mir peinliche Erklärungen zu ersparen, kaufe ich das sündteure, mit rot-schwarzer Spitze besetzte Negligé.

Dem aufdringlichen Rosenverkäufer muss ich gleich anschließend auf der Gasse in die Arme gelaufen sein. Er schwatzt mir seinen gesamten Strauß langstieliger blutroter Rosen auf. Es sind genau neunundzwanzig, zähle ich nachher, als er den Rest meines Geldes an sich genommen hat und endlich verduftet.

Zu guter Letzt stehe ich doch in der Trafik.

Aber leider umsonst: Ich habe kein Geld mehr für den Wochenfahrschein. Nicht einmal zum Erwerb eines Einzelfahrscheins reicht es.

Ich verlasse die Trafik und steige in die Straßenbahn. Hoffentlich stimmt die Richtung.

*

Die Richtung hat gestimmt.

Aber mit etwas anderem hatte ich Pech: Stieg da ausgerechnet diesmal, kaum dass ich saß, ein Kontrolleur zu! Fahrscheine bitte vorweisen. Ich schaffte es nicht mehr rechtzeitig zum Ausstieg und machte mich durch die Eile auch noch verdächtig. Als Ersten kontrollierte er natürlich mich.

Ich hab meine Jahreskarte zu Hause vergessen, sagte ich.

Und wie heißen Sie, fragte er.

Eben hab ich's noch gewusst, sagte ich, aber jetzt haben Sie mich zu schnell gefragt. Ich habe nämlich Alz-, Alz- …

Den kenn ich schon, sagte der Kontrolleur, veräppeln Sie meinetwegen wen anderen. Macht auf der Stelle genau achtzig Euro, mein Herr.

Ich bedaure aufrichtig, erklärte ich ihm betrübt, aber mein Geld habe ich auch vergessen. Zu Hause.

Drauf er: Und den Personalausweis auch, oder?

Richtig geraten, gestand ich, ich hab nämlich Alz-, Alz- ....

Natürlich, sagte er, Sie haben Alzheimer! Wissen Sie was, für diese blöde Antwort hol ich Ihnen jetzt die Polizei. Spielen Sie sich mit denen!

Schon bei der nächsten Station stiegen zwei Polizisten zu.

Er hat keinen Fahrausweis, der Herr, klärte der Schwarzkappler die Grünkappler auf. Er meint, er hätte Alzheimer und die Jahreskarte zu Hause vergessen.

Ah, schon wieder so einer. Sie sind schon der Dritte heute. Und Personalausweis haben Sie natürlich auch keinen dabei, stimmt's?

Ich nickte.

Die Polizisten nickten auch, nämlich dem Kontrolleur zu. Wir kümmern uns schon um den, sagten sie. Da ich nicht aussteigen wollte, nahmen sie mich von beiden Seiten unter den Arm und eskortierten mich auf die Straße.

Na, wie heißen wir denn, fing der eine an, nachdem er den Block gezückt hatte.

Eben grad hab ich's noch gewusst, sagte ich. Jetzt haben Sie mich zu plötzlich gefragt. Mit C hat's jedenfalls angefangen, sagte ich.

Und mehr wissen Sie nimmer?

Nein, sagte ich.

Wissen Sie was? Wenn Sie die Jahreskarte zu Hause vergessen haben, dann rufen Sie doch Ihre Frau an, sie soll sie auf die Wachstube bringen, Ihre Jahreskarte.

Erstens hab ich das Handy vergessen ..., begann ich.

Wir borgen Ihnen das unsrige.

Aber meine Telefonnummer von zu Haus hab ich ...

Natürlich, die haben Sie auch vergessen! Und zweitens?

Zweitens bin ich alleinstehend, sagte ich. Ich habe gar keine Frau.

Alleinstehend? Interessant! Und was haben wir dann da?

Er guckte in meinen Einkaufskorb – auf das zuoberst neben den vielen Rosen liegende Billett. Marmorstein und Eisen bricht, murmelte er, hinabgebeugt lesend, und dann auf einmal laut: Ha! Viel Glück zu unserem Hochzeitstag! Eine Hochzeitstagskarte!

Hab ich irrtümlich gekauft, sagte ich.

Natürlich, sagte der Beamte, irrtümlich gekauft. Und die Rosen haben Sie natürlich auch irrtümlich gekauft, und das Kochbuch ebenso.

Ich nickte.

Hast du schon einmal irrtümlich ein Hochzeitstagsbillett und Rosen gekauft, wandte er sich nun an seinen Kollegen.

Der verneinte.

Der hat ja auch nicht Alzheimer, sagte ich.

Und verheiratet bin ich auch nicht, bemerkte der Kollege.

Na sehen Sie, sagte ich. Übrigens, wenn Sie mir nicht glauben, kommen Sie doch mit mir, ich zeig Ihnen selber meine Jahreskarte, bei mir zu Haus. Ich wohne nicht sehr weit von hier, sagte ich.

Das stimmte nicht. In Wahrheit hatte ich nicht einmal eine Ahnung, in welchem Bezirk wir uns gerade befanden. Doch welcher Polizist würde schon Lust haben, wegen so einer Lappalie einem alten Mann in seine Wohnung zu folgen.

Sie sahen einander fragend an.

Gut, gehen wir in Ihre Wohnung, sagte der ältere Polizist.

Wenigstens können wir seine Personalien feststellen, stimmte der jüngere zu.

Gehen Sie schon einfach voran, sagte er zu mir.

Ich begann, mich in irgendeine Richtung in Bewegung zu setzen. Langsam und mühselig setzte ich einen Fuß vor den anderen, humpelte, so als hätte ich ein Hüftleiden. Die beiden folgten mir in geringem Abstand und unterhielten sich leise dabei. Kaum fünfzig Schritte weiter blieb ich stehen und drehte mich um – nach den beiden Ordnungshütern.

Gehen Sie einfach voraus, sagt der Ältere. Und wenn's geht, ein bisschen schneller, fügte der andere hinzu, wir folgen Ihnen schon.

Sie hatten anscheinend nicht vor, aufzugeben. Beim nächsten Haus stand zufällig das Haustor offen. Kurz entschlossen blieb ich stehen. Das da bin ich, sagte ich und zeigte auf irgendeinen Klingelknopf. Auf dem Schild neben dem Knopf stand: Tür 31 – Walter Cernajsek.

Sie heißen also C-, C-... Wie spricht man das aus?

Jetzt galt es keinen Fehler zu machen. Tschernaisek, sagte ich aufs Geratewohl.

Was ist das für eine Sprache?

Das ist Kroatisch und heißt so viel wie Schwarzl, fantasierte ich drauflos.

Sie folgten mir in einen dunklen Hausflur nach hinten. Es roch modrig und feucht, und man konnte kaum noch Einzelheiten ausmachen, so düster war es. Anscheinend war das Ganglicht kaputt.

Eine abgetretene Steintreppe führte nach oben. Die Rechte am Geländer, in der Linken den Korb schleppend, begann ich hinkend den Aufstieg. Bereits nach drei, vier Stufen hielt ich keuchend an und sagte, halb nach hinten gewandt: Verzeihung, die Herren, aber ein alter Mann ist kein Schnellzug! Außerdem habe ich Asthma.

Passt schon, sagte der Ältere, gehen Sie einfach so weiter! Gehen Sie, und geben Sie keine langen Erklärungen.

Ich hinkte schnaufend weiter. Lass ihn doch laufen, den alten Trottel, hoffte ich jeden Moment zu hören. Doch von den beiden kam kein Laut. Verbissen folgten sie mir Stufe für Stufe.

Im ersten Stock legte ich eine erste längere Rast ein, um wieder zu Atem zu kommen. Den Korb hatte ich auf dem steinernen

Gangboden abgestellt. Zwei Minuten warteten die beiden wortlos. Ich keuchte immer noch nach Luft.

Da zündete sich der ältere Polizist eine Zigarette an, öffnete ein Gangfenster und setzte sich auf das Fensterbrett. Sein Kollege lehnte sich daneben. Sie begannen über das letzte Fußball-WM-Spiel Deutschland gegen Spanien zu plaudern, während ich weiter nach Atem rang.

Das zweite Tor hätte der Schiri unbedingt geben müssen, sagte der Jüngere. Das war ein Skandal.

Der Ältere hatte inzwischen ausgeraucht, schnipste den Stummel aus dem Fenster und rutschte vom Fensterbrett.

Na, packen wir's wieder, Herr Cernajsek, sagte er, während er das Fenster schloss. Wenn Sie wollen, trage ich Ihnen den Korb, erbot er sich scheinheilig.

Ich war einverstanden.

Herr Walter Cernajsek wohnte Gott sei Dank im fünften und nicht im zweiten Stock. Aber auch im fünften Stock kommt selbst der Langsamste irgendwann an. Ich überlegte also langsam, was dann zu tun wäre.

Weiß Gott, seufzte ich in Gedanken, hat es nicht ohnehin genug Nachteile, Alzheimer zu haben? Warum soll man nicht gelegentlich einen Vorteil daraus ziehen, wenn es sich machen lässt? War nicht hier so eine Gelegenheit?

Was konnten sie etwa machen, wenn ich sagte, ich hätte mich geirrt, wegen meinem Alzheimer, und ich hieße wahrscheinlich doch nicht Cernajsek, und es sei die falsche Wohnung. Oder, andere Variante: Ich hätte nur den Schlüssel verloren. Im Weitersteigen erwog ich noch weitere Einfälle.

Die Türnummer einunddreißig im fünften Stock befand sich, wie wir fünf Minuten später feststellten, gleich neben der Treppe. Walter Cernajsek – Pharmavertreter, stand auf dem Messingschild an der dunklen Holztüre. Ich schaute die Beamten unschlüssig an.

Na, sperren Sie schon auf, sagte der Jüngere.

Ich begann in meinen Jackentaschen zu suchen.

In der linken fand ich eine Lesebrille, zwei Servietten, einen Kugelschreiber, ein eingetrocknetes Essiggurkerl und einen Bierdeckel.

Aus der rechten förderte ich zutage: zwei Zahnstocher, einen Nagelknipser, dreieinhalb Erdnüsse und ein klebriges Malzzuckerl, welches sich hartnäckig gegen seine drohende Delogierung wehrte. Ich weitete die Fahndung aus, auf die Hosensäcke, und hernach auf die zahlreichen Neben-, Brust-, Innen- und Geheimtaschen meiner Armyjacke. Der Schlüssel war nirgends zu finden.

Eben wollte ich die Knietaschen und Gesäßtaschen in meine Recherchen einbeziehen, da hörte man in der Wohnung des Herrn Walter Cernajsek auf einmal deutliche Schrittgeräusche.

Die Polizisten sahen einander grinsend an. Und dann mich.

Anscheinend sind Sie gerade selber zu Hause, Herr Cernajsek, sagte der eine schlagfertig.

Ich tat bestürzt. Und ein bisschen war ich es ja auch. Tatsächlich, sagte ich, da scheint jemand in meiner Wohnung zu sein!

Läuten Sie doch einmal, sagte der jüngere Polizist süffisant.

Ich zögerte.

Da drückte kurzerhand der ältere die Klingel. Dann zogen sich beide eilends auf die Treppe zurück, um nicht gleich gesehen zu werden.

Gespanntes Warten.

Schritte näherten sich, Geräusche im Türschloss. Dann ging die Tür auf. Heraus kam ...

*

... eine Frau.

Da bist du ja endlich, Walter, sagte sie. Dann sah sie den Korb.

Nein, schrie sie sofort, ich hab schon gedacht, dass du heuer vergisst, er wird doch auch irgendwann einmal auf etwas vergessen, habe ich gedacht, schrie sie und fiel mir, ehe ich nur ein Wort sagen konnte, um den Hals.

Diese wunderschönen Rosen, rief sie, und las das Billett. Dann riss sie das Packerl mit dem Negligé auf und hielt es sich an den Körper. Nein Walter, schrie sie dabei, spinnst du! Wieder sprang sie mich an, sprang mich an, wie junge Hunde es zur Begrüßung ihrer Herrchen tun, und herzte und küsste mich. So was Schönes und Teures! Du hast es dir tatsächlich gemerkt, als ich es neulich in der Auslage bewundert habe, stimmt's? Weißt du was? Ich probiere es hier auf der Stelle an!

Ich hatte Mühe, mich ihrer mehrmals wiederholten überfallsartigen Umarmungen zu erwehren.

Wwwer sind Sie, sagte ich endlich zu der Frau, und was erlauben Sie sich? Und was machen Sie eigentlich in meiner Wohnung?

Die Polizisten traten nun aus der Deckung. Verzeihung, sagten sie zu der Dame, und zu mir gewandt: Geben Sie sich keine überflüssige Mühe mehr, Herr Cernajsek, sagten sie schadenfroh. Von wegen alleinstehend und so.

Es war aussichtslos.

Dabei hatte ich die Dame tatsächlich noch nie vorher in meinem Leben gesehen. Das versuchte ich nun denn auch den Beamten klarzumachen.

Aber wie hätten sie mir noch glauben können?

Es stellte sich nämlich zu meiner Verblüffung heraus, dass die Fremde überdies mit einem Mann verheiratet war, der mir äußerlich nicht unähnlich war – jedenfalls sah man bereits vom Gang aus ein entsprechendes Foto eines Paares, golden gerahmt, im Vorzimmer der Cernajseks prangen.

Natürlich glaubten sie mir jetzt auch meinen Alzheimer nicht mehr. Ein Mann, der seine Frau am neunundzwanzigsten Hochzeitstag mit eben genau so vielen Rosen überrascht, der ihr ein längst gewünschtes Negligé mit der genau passenden Körbchengröße 85C schenkt, der hat kein Alzheimer! Vergessen Sie's, sagten sie.

Ich machte einen letzten verzweifelten Versuch, mich zu wehren. Und was ist mit dem Mikrowellen-Kochbuch, sagte ich. Hat diese angebliche Frau Cernajsek vielleicht einen Mikrowellenherd?

Es war kurz still. Von unten waren indes hastig die Treppe heraufsteigende Schritte zu hören. Und ehe man sich's versah, tauchte ein junger Mann mit einem großen Paket über der Schulter im fünften Stock auf. Er bemerkte die seltsame Versammlung auf dem Gang.

Frau Tschilensek, fragte er, das Paket am Boden abstellend.

Meinen Sie Cernajsek vielleicht, sagte die Frau.

Er las noch einmal die Anschrift.

Richtig, Cernajsek, sagte er, Pardon! Bitte hier unterschreiben!

Er musterte – kurz irritiert – die Polizisten. Kaum hatte er seine Unterschrift, hastete er wieder treppab.

Walter!, schrie die fremde Frau wieder. Spinnst du komplett, rief sie. Sie erstickte mich fast durch einen neuerlichen Kussüberfall. Einem von solcher Heftigkeit, dass an keine Gegenwehr zu denken war. Zwischen ihren Haaren hindurch entzifferte ich nach und nach, was auf der jetzt sichtbaren rechten Seite des Kartons in großen Lettern aufgedruckt war:

SIEMENS MIKROWELLENHERD

Da gab ich es auf. Gegen eine solche Häufung von Zufällen ist ein gewöhnlicher Sterblicher machtlos.

Ich wehrte mich nicht mehr.

Ein Gutes hatte die Sache wenigstens: Die unbekannte Frau wies jetzt den Polizisten die Jahreskarte vor, jene ihres Mannes nämlich, der mir auch auf dem Ausweisfoto, wie ich bemerkte, sehr ähnlich sieht.

Da war ich also – wie durch ein Wunder – auf einmal aus dem Schneider. Der Polizei gegenüber jedenfalls.

Was die fremde Frau betrifft, nun ja – da muss ich, bevor ich zu Ende erzähle, hier erst einmal einfügen, dass sie eigentlich noch ganz adrett aussah – für ihr Alter wenigstens. Nicht unsympathisch außerdem.

Und weil mir mein wirklicher Name nicht mehr einfiel, auch nachher, als die Polizisten schon längst gegangen waren, ebenso wenig wie meine wahre Adresse, deshalb blieb ich der Einfachheit halber gleich bei der fremden Frau – und spiele seither den Walter Cernajsek.

Es bedeutet nur für mich eine Riesenumstellung. Denn für die anderen Beteiligten, allen voran Frau Cernajsek, vereinfacht sich die Sache dadurch enorm, dass ich, wie bereits geschildert, ihrem wirklichen Mann täuschend ähnlich sehe. Manchmal frage ich mich freilich besorgt, was mit dem armen Kerl passiert ist. Wo mag er geblieben sein? Wie ergeht es ihm? Ist er verunglückt, liegt er vielleicht bewusstlos im Spital? Oder ist er untergetaucht? Ausgewandert? Gestorben?

Oder, schießt es mir ein, oder hat womöglich auch er Alzheimer? Weiß er seinen Namen nicht mehr und findet nicht mehr heim? Und was ist, wenn eines Tages doch? Wenn er auf einmal vor der Tür steht?

Und dann habe ich manchmal ein flaues Gefühl im Magen – und Gewissensbisse.

Aber das sind nur Momente. Gewöhnlich beruhige ich mich schnell. So lange er verschwunden ist, sage ich mir, so lange schade ich ja eigentlich keinem groß. Sie ist glücklich damit, und ich habe täglich frisch gebügelte Wäsche und ein warmes Mittagsmahl, und fahre auch sonst nicht schlecht dabei.

Und nicht einmal schwarz, sondern mit gültiger Jahreskarte.

Es ist also im Grunde allen gedient, wenn ich weiterhin Walter Cernajsek bleibe. Außerdem, von der Nützlichkeit einmal ganz abgesehen: Wäre es nicht auch ein Zeichen von schlechten Manieren, einer Dame zu widersprechen, die behauptet, sie sei mit einem verheiratet?

Der Herr der Inge

Eigentlich war es nur eine Idee, so ein Geistesblitz, der mir einfiel, aus heiterem Himmel, und den ich recht witzig fand.

Aber was tun damit?

Ich muss konkreter werden: Es geht um den Gag mit der Inge.

Und zwar, habe ich zu Herta gesagt, meiner Freundin, und zwar – ich muss ihr meine Ideen immer gleich mitteilen, meiner Herta ...

Und zwar, fragt sie.

Und zwar, sage ich, stell dir vor: Zwei, ein Pärchen, die haben sich zum Fressen gern.

Herta seufzt: So wie wir, Schatz? Sie schlingt ihre Arme ganz fest um mich und drückt mir einen dicken langen Kuss auf den Mund.

Meinetwegen, presse ich hervor, so wie wir.

Ich befreie mich aus der Umklammerung und sage: Hör doch mal zu!

Ich höre, sagt sie, sprich, mein Herr und Meister!

Aber man sieht ihr an, dass meine Ideen sie gerade wenig interessieren, sofern sie nichts mit Küssen und Schmusen zu tun haben. Denn schon wieder schürzt sie den Mund zu einem Kussmaul, wie ein Karpfen, bevor er die halbe Umgebung in sich reinsaugt.

Ich weiche ein bisschen zurück und sage: Und die zwei Liebenden heißen Herbert und Inge.

Der Kussmund wird zum Schmollmund: Wieso nicht Rudi und Herta, flötet sie sehnsüchtig.

Weil sie eben Herbert und Inge heißen müssen.

Was heißt heißen müssen, miaut sie, in lang gezogenen zärtlichen Klagesilben.

Na, weil das zu meiner Idee gehört. Du wirst es schon noch kapieren, warum das so sein muss.

Weil das zu meiner Idee gehört, äfft sie mich nach und sagt dann: Gut, dann mach bitte weiter. Also: Was ist denn mit diesen beiden?

Sie kennen sich erst kurze Zeit, sage ich.

So wie wir, miaut Herta und schaut mich übertrieben sehnsüchtig an.

Ich entkomme einer neuen Umklammerung, und nach einer kurzen Balgerei auf dem Sofa, bei der ich mich am Ende freiwinden kann, setze ich fort: Er hat, sage ich, noch kurzatmig von der Anstrengung, er hat einen Verkaufsstand für Heringe, Salzheringe. Auf dem Naschmarkt.

Der Robert meinst du?, fragt sie. Ihre Wangen und Ohren von der Rangelei ganz rot. Schwer atmend liegt sie auf der weichen Sofalehne. Ihr prächtiger Busen wogt verführerisch unter dem Pulli auf und ab.

Nicht Robert, keuche ich und sitze jetzt kerzengerade auf dem anderen Sofaende. Nicht Robert, sondern Herbert.

Ist doch egal, sagt sie, Robert oder Herbert.

Eben nicht, sage ich, eben gar nicht egal.

Meinetwegen, dann eben nicht, dann heißt er eben Herbert. Dafür kommst du jetzt sofort zu mir, mein Mausibärlischatzi, schmeichelt und lockt sie.

Doch ich fahre ungerührt fort: Und sie …

Und sie? Welche sie?, schmollt Herta. – Also gut, mein Schatzibärli will quatschen. Dann quatsch halt! Sie setzt sich aufrecht und will nun wissen: Welche sie? Die Inge meinst du, oder?

Ganz richtig! Die Inge, sage ich.

Sie hat ja doch aufgepasst.

Sie, die Inge, fahre ich fort, sie ist seine Kundin und im März geboren. Nein, sagen wir lieber, sie arbeitet bei ihm, im Geschäft.

Na entweder oder! Hast du nun eine Geschichte, oder plauderst du ohnehin nur ins Blaue hinein? Sie ist eine Kundin oder dies oder das oder vielleicht auch ganz was anderes – du weißt ja noch nicht einmal selber, was du erzählen willst. Aber *Herbert* muss er unbedingt heißen, nicht Robert, und nicht Hubert, sondern genau Herbert, Herbert und Inge – und sonst nichts – und auf keinen Fall Rudi und Herta.

Richtig, sage ich und überhöre absichtlich den leicht beleidigten Spott. Richtig, sie müssen Herbert und Inge heißen, und du wirst bald verstehen, warum.

Also gut, sie heißen Herbert und Inge und er hat einen Fischstand auf dem Naschmarkt, resümiert sie trocken. Und nun schieß schon endlich los! – Sie hat endlich eingesehen, dass sie um die Geschichte nicht herumkommt.

Richtig, sage ich, und die beiden, die Inge und der Herbert, die lieben sich heiß und zärtlich.

Bei den Worten heiß und zärtlich schaut Herta mich schon wieder mit einem schmelzenden Blick an, und um keine Unterbrechung mehr zu riskieren, sage ich vorbeugend: So heiß und zärtlich wie wir beide, mein Schatz.

Die Worte waren klug gewählt: Endlich fasst sie Sympathie für die beiden, für meine Inge und meinen Herbert.

Und weiter?, sagt sie. Es klingt zum ersten Mal interessiert.

Tja, also die Inge arbeitet bei ihm am Fischstand.

Nein, sagt sie, wie unromantisch! Die stinkigen Heringe! Igitt, nein, du hast gesagt, sie ist eine Kundin. Sie ist eine Kundin, die öfter bei ihm einkauft und sich dabei in ihn verliebt hat. Eine reiche Tochter aus gutem Haus, eine Bankierstochter, nein, eine Fabrikantentochter, eine Seidenfabrikantentochter.

Meinetwegen, sage ich, also eine Seidenfabrikantentochter, und sie ist, sagen wir, am achtzehnten März geboren.

Wenn du meinst, sagt sie, wieso ist das so wichtig?

Weil sie dann im Sternzeichen Fisch ist.

Und wieso ist das bitte so wichtig? – Ach so, du meinst wegen seinem Fischstand? Damit sie auch was mit Fischen zu tun hat?

Genau, sage ich.

Hauptsache sie steht nicht den ganzen Tag an dem stinkigen Fischstand, sagt sie, also meinetwegen, achtzehnter März geboren. Ich seh zwar immer noch nicht ein, warum das so wichtig …

Kommt ja gerade, kommt ja gerade, bremse ich sie ein. Da sind wir eben schon, beim springenden Punkt: Eines Tages, als sich die beiden heimlich – heimlich, wegen des Widerstandes des Seifenfabrikanten ...

Seidenfabrikanten, bessert Herta aus.

Pardon, Seidenfabrikanten natürlich, also, als sie sich treffen, da fällt der Mann ...

Der Herbert!, sagt sie strahlend und verrät damit lebhafte Anteilnahme.

Richtig, also der Herbert, fahre ich fort, der kniet vor der Inge nieder, überreicht ihr einen riesigen Strauß blutroter Rosen, küsst ihr inbrünstig die Hand und stammelt:

Meine herzallerliebste Inge, stammelt er, und vor Aufregung hat er ganz rote Ohren, und sein Herz hämmert zum Zerspringen, und er überreicht ihr dabei eine kleine längliche Schachtel, mein allerliebstes Ingelein, ich habe dir noch ein kleines Geschenk mitgebracht. Und wenn du es annimmst, machst du mich damit zum glücklichsten Mann auf der ganzen Welt.

Ich komme nicht mehr dazu, Inges Rührung und Begeisterung in allen Details auszumalen, denn meine Freundin Herta, die sieht mich inzwischen ganz sonderbar an. Mit einem so intensiv strahlenden Blick, dass ich ganz erschrocken bin davon und verwirrt.

Und weiter, weiter, erzähl schon weiter, drängt sie.

Wo sind wir stehen geblieben, sage ich, ich habe den Faden verloren ...

Na, der Herbert, dieser unvergleichlich zärtliche und mutige und gute Herbert sagt seiner Inge gerade, dass er ohne sie nicht mehr leben kann ... und ...

Richtig. Also, er gibt ihr die Rosen.

Weiter, mach schon weiter! Was ist in dem Schächtelchen?, fragt Herta ungeduldig.

Und sie nimmt die Rosen, sage ich, und genieße die intensive Aufmerksamkeit, die meiner Geschichte endlich zuteil wird, sie nimmt die Rosen ..., sage ich.

Weiter, weiter, das hast du schon gesagt! Was ist in dem Schächtelchen, sag schon endlich!

Und sie nimmt das Schächtelchen in die Hand ...
Weiter weiter, und was ist drinnen? Sag doch schon!
Und sie öffnet es langsam, ganz langsam ...
Und? Nun sag doch endlich, fleht Herta, sag doch, was ist drinnen in dem Schächtelchen?
Und drinnen lagen zweiiiiiii ...
Herta schaut mir mit äußerster Spannung in die Augen. Plötzlich verdunkelt sich misstrauisch ihr Blick: Ruudiii, sagt sie drohend, ich warne dich, Rudi!
Was hast du denn?, frage ich unschuldig.
Weeeheee du saaagst jeetzt Heringe.
Es ist ein paar Augenblicke totenstill und wir fixieren uns gegenseitig.
Dann öffne ich den Mund.

Nicht einmal ein so kurzes Wort hab ich ganz fertig sagen können, wie es das Wort „Doch!" ist, so wutenbrannt schlug sie sofort auf mich ein, weinte und heulte: Du bist gemein, Rudi, du bist ein gemeines boshaftes Ungetüm, du Scheusal, du böses! Die arme Inge! Seine unbezahlte Angestellte soll sie werden, bei den stinkigen Heringen den ganzen Tag. Pfui Teufel, wie unromantisch! Wie ganz und gar perfid von dem stinkigen Herbert – oder von dir! Du bist das Scheusal, du, du, du, du ...
Hageldicht prasselten dabei von allen Seiten ihre Schläge auf mich ein, und manche taten richtig weh, besonders als sie einen ihrer Stöckelschuhe ergriffen hatte und mich damit bearbeitete.
Ich hielt nur die Arme etwas vor das Gesicht, sonst wehrte ich mich kaum. Ich konnte auch gar nicht, vor lauter Lachen. War wie gelähmt. Je heftiger ihre Wut und ihre Schläge wurden, um so unbändiger wurde mein Lachanfall. Das wiederum brachte sie immer mehr und mehr in Zorn. Nach einem gar zu bösen Schlag – mit dem Kleiderbügel auf meinen Kopf – entwich ich vom Sofa, meine Rechte zur Deckung vors Gesicht haltend. Mit der Linken hielt ich mir den vor Lachen bereits schmerzenden Bauch. Ein paar Schritte taumelte ich auf die Art rückwärts, da packte

sie in ihrer Raserei plötzlich den Besen und stieß mich vor Lachen Wehrunfähigen damit in den Bauch – Gott sei Dank nicht mit dem Stiel –, worauf ich rücklings über den Staubsauger stolperte und – den Duschvorhang mit mir herunterreißend – nach hinten in die Brausetasse stürzte. Da lag ich nun am Rücken, die Beine nach oben wie ein umgekippter Käfer, und mein verebbendes Lachen mischte sich zunehmend mit Schmerzgestöhne.

Es war eine Weile still. Sie saß auf dem Küchenhocker, als ich endlich, unter gelegentlichen wehleidigen Ausrufen, unter dem steifen Plastikvorhang hervorkroch, heraus aus der Duschtasse. Schmerzverkrümmt schleppte ich mich zum Sofa und bezog dort ächzend Lager.

Es tut mir leid, schluchzte sie auf einmal.

Ich sagte nichts, stöhnte nur immer wieder: Auu au au! Au auuu au!

22

Sie näherte sich leise, setzte sich an den Sofarand und sagte kleinlaut: Tut mir leid, Rudi! Ich weiß auch nicht, was los war mit mir. Ich glaube, ich habe ein bisschen überreagiert.

Sie streichelte über meinen Rücken.

Bist du wahnsinnig, au au, stöhnte ich.

Sie zuckte zurück. Tut mir leid, sagte sie wieder. Dann war es wieder still. Nur hin und wieder hörte ich sie Tränen in ihr Taschentuch schnäuzen.

Nach etlichen Minuten sagte ich leise: Das kann man wohl sagen.

Was?

Dass du überreagiert hast.

Wieder war es eine Weile still.

Aber ein wenig fies war das doch wirklich, das mit dem Geschenk, das gibst du zu, oder?

Fies?, sagte ich, warum fies? Nach den Schlägen wollte ich nun einen vollständigen Sieg auskosten. Ich war gerade dabei, sagte ich, eine ganz hübsche romantische Szene zu schildern, als du mich auf den Mund schlugst.

Eine romantische Szene? Mit Heringen als Verlobungsgeschenk? Du machst Witze, oder?

Ihre tränenfeuchten Augen musterten mich verunsichert.

Doch, allerdings, Heringe, das schon, sagte ich. Aber was für Heringe!

Ich schwieg wieder.

Was für Heringe, sagte sie nach einer Weile, Heringe sind Heringe.

Dann fiel ihr etwas ein: Na sag schon, waren es denn keine gewöhnlichen Heringe, keine Salzheringe oder so was Ekliges?

Ihre Neugier und ihre Hoffnung waren wieder erwacht.

Nein, sagte ich, Salzheringe waren es bestimmt nicht. – Es waren Goldheringe.

Goldheringe? Was sind Goldheringe? So was wie Goldfische?

Nein, Heringe aus Gold eben.

Heringe aus Gold? Heringe aus Gold, wiederholte sie aufgeregt. He Rudi!! – Du meinst doch nicht etwa, dass er ihr Schmuck schenkte?

Genau das will ich sagen, und zwar nicht irgendeinen Schmuck, sondern etwas ganz Besonderes: Es waren allerfeinst geschmiedete Verlobungsringe in dem Schächtelchen. Und seine Inge ist ja, wenn du dich bitte erinnerst, im Sternzeichen Fisch, und Herbert selbst Inhaber eines Heringstandls. Und deshalb hatte er die Ringe so schmieden lassen, dass zwei zierliche goldene Heringe im Kreis nacheinander schnappten und so einen Ring bildeten.

 Ich musste ihr den Ring mit dem Kuli auf einen Zettel zeichnen. Wie süß!, kreischte Herta vor Entzücken auf. Sicher wollte er damit ausdrücken, wie zum Fressen gern die beiden einander hatten. Sie trocknete sich umständlich ein paar Tränen von der Wange. Ich habe dem Herbert Unrecht getan, murmelte sie zerknirscht.

Dem Herbert?, knurrte ich.

Und dir auch.

Sie war voller Reue. Doch ich war noch nicht zufrieden. Ich wollte vollständige Genugtuung.

Aber das ist ja längst noch nicht alles, sagte ich, dieser Herbert, der war nämlich einsame Sonderklasse: Der hatte noch an weit mehr dabei gedacht.

An weit mehr? Nämlich?

Sie platzte fast vor Neugier.

Sag schon, was war noch?

Schweigend betastete und beäugte ich umständlich ein paar blaue Flecken an meinem Unterarm. Endlich sagte ich: Er hatte ihrer beider Namen auf einer Seite des Ringes eingravieren lassen. Von seinem Namen nur die ersten drei Buchstaben, aus Platzgründen, von Inge alle. Und so stand, die Buchstaben in regelmäßigen Abständen um den ganzen Ring herum, das Wort

HERINGE eingraviert. Und damit man auch wusste, wo das Wort beginnt, ließ er zwischen dem E von Inge und dem H von Herbert einen kleinen Brillanten einsetzen.

Ich machte für Herta eine rasche Skizze.

Sie war begeistert. Wie unglaublich romantisch und klug dieser Herbert ist, seufzte sie. Diese treuherzige Symbolik mit der Namensverschmelzung und den Fischen. Und dem Brillanten als Punkt! Wahnsinnig apart!

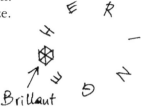

Sie verdrehte ihre hübschen Augen vor Bewunderung, und die vergessenen Tränchen auf ihren Wimpern funkelten dabei wie ein ganzer Juwelierladen.

Das ist ein toller Mann, seufzte sie verliebt.

Das ist ja längst noch nicht alles, fuhr ich fort. Dieser Herbert, der ist nämlich ganz ganz einsame Sonderklasse ...

Hör bitte auf, sagte sie, es reicht schon. Er ist so schon der romantischste und geistreichste Mann, der sich vorstellen lässt. Erzähl mir also bitte nicht, dass ihm noch etwas eingefallen ist mit seinen Verlobungsringen. Noch mehr verliebte Symbolik geht einfach nicht, der Mann ist ein Genie! Für den würde ich sogar im übelst riechenden Fischladen stehen, für den Rest meines Lebens. Es gibt keine Steigerung mehr.

Gut, dann erzähl ich es dir halt nicht, sagte ich. Wenn's dich nicht interessiert, wie die Geschichte weiter...

Bitte, bitte, erzähl es mir schon endlich, ich will es unbedingt wissen, jetzt sofort! Und ob es mich interessiert!

Also gut, begann ich umständlich.

Stell dir vor, die beiden waren schließlich verlobt und ein paar Monate ganz rasend vor Glück. Auch der Papa Seidenfabrikant war mittlerweile von Herberts Charme und Einfallsreichtum angetan und gab langsam seinen Widerstand auf. Da fordert Herbert eines Tages, aus heiterem Himmel, den Verlobungsring zurück.

Hör auf, hör auf, schrie meine Herta, hör auf, du Scheusal!
Wieder prasselten Schläge auf mich ein, ihre Blicke sprühten vor Zorn.

Halt, Herta, schrie ich, halt! Hör mir doch zu!
Mit Mühe gelang es mir, ihre Arme mit Gewalt festzuhalten. Beruhige dich doch, und lass mich ausreden. Du weißt ja noch gar nicht, wozu er den Ring zurückfordert.

Wozu?, piepste sie verzagt, wozu?
Ich ließ ihre Arme los.

Wozu fordert man einen Ring zurück?, flennte sie. Er wollte die Trennung. – Herta begann hemmungslos zu weinen.

Aber woher denn, ganz im Gegenteil, widersprach ich, ganz im Gegenteil. Er wollte nur eine Änderung machen lassen – an den Ringen.

Ich streichelte Herta zart übers Haar, während sie leise weinte.
Was für ei…hei hei…ne Änder…Änderu…Änderung, brachte sie endlich unter Schluchzen hervor, … die Ringe waren doch so wunderwunderschön!

Na, nur eine klitzklitzekleine Änderung, sagte ich sanft.
Sie hatte sich ihr verheultes Gesicht abgewischt und war schon wieder neugierig.

Er wollte, erklärte ich, nur den kleinen Brillanten versetzen.
Den Brillanten hat er versetzt? So ein elender Geizkragen! Wie schade!, unterbrach Herta.

Jetzt hör doch endlich zu, sagte ich, nicht im Pfandhaus, auf dem Ring hat er den Brillanten versetzen lassen, an eine andere Stelle, nämlich verschoben um einen Buchstaben. So dass er am Ende zwischen dem G und dem E stand.

Hä? Und wozu soll das gut sein?
Sie war immer noch enttäuscht.

Na lies doch, sagte ich und versetzte auch auf meiner Skizze den „Brillanten".

Schau doch, was nun auf dem Ring zu lesen ist: So hat er ihn seiner Inge wieder zurückgegeben …

Herta las und brach in helles Entzücken aus. Sie konnte sich gar nicht mehr beruhigen vor Begeisterung über diesen Herbert, der so ungeheuer charmant, erfindungsreich und romantisch war.

Obwohl der Kerl ein Produkt meiner eigenen Fantasie war, wäre ich beinahe auf ihn eifersüchtig geworden. Davor bewahrt hat mich lediglich die Tatsache, dass Hertas Feuer für Herbert auch ein wenig auf mich ausstrahlte, und ich nie eine leidenschaftlichere Liebesstunde genossen habe als die, welche damals unserem Streit folgte.

Um unsere Story noch kurz abzuschließen: Meine Geschichte mit den Heringen hat mir auf Dauer kein Glück gebracht. Denn von jenem Tag an begann Herta mich zu vergleichen, mit Herbert, diesem Idealmann.

Der Herbert hätte an deiner Stelle dies, hieß es dauernd, und der Herbert hätte jetzt das getan.

Es kehrte einfach keine Ruhe mehr ein in unsere Beziehung. Nur wegen dieses verfluchten Herberts. Dass ich ihr den Burschen in gar so leuchtenden Farben ausgemalt hatte, das war ein schwerer Fehler gewesen.

Und noch etwas habe ich gelernt: Wenn man nicht vorhat, zu heiraten, sollte man um Themen wie Verlobung und Hochzeit besser überhaupt einen Bogen machen. Oder wenigstens nicht so romantische Schilderungen davon geben, wie ich es dummerweise getan hatte.

Frauen können nämlich zwischen Fantasie und Realität nicht unterscheiden.

Hat man ihnen solche Gefühle einmal ins Kraut schießen lassen, dann kann man sie nicht mehr zurückstutzen. Nicht ohne bleibenden Schaden zumindest. In einem moderneren Bild ausgedrückt: Ist man in einer Beziehung erst einmal gezwungen, den Rückwärtsgang einzulegen, dann kriegt man ihn oft nicht mehr raus. Es ist so etwas oft der Anfang vom Ende einer Liebe.

Herta jedenfalls war einfach eines Tages fort. Ich brauchte eine hübsche Weile, um darüber hinwegzukommen, denn ich hatte sie wirklich geliebt.

Erst etliche Jahre später liefen wir uns zufällig wieder über den Weg. In der Fußgängerzone auf der Kärntner Straße. Sie sah gut aus, wie früher, vielleicht eine Spur runder noch, was ihr aber ausgesprochen gut stand und ihre Erscheinung noch weiblicher und attraktiver machte. An ihrer Seite ging ein Mann, groß und stämmig, roter Bart, sonnengebräunte Haut.

Darf ich vorstellen, mein Verlobter. Wir begrüßten uns, aber Konversation kam keine zustande. Er konnte kaum ein Wort Deutsch.

Er ist Schwede, erklärte Herta.

Und dann sah ich den Ring an ihrem Finger: Zwei Fische. Und die Gravur: HERINGE. Und den kleinen Brillanten. Auch an seiner globigen Tatze war ein dicker Fisch-Ring.

Sie bemerkte meinen fragenden Blick.

Du meinst, es passt nur für Herbert und Inge, sagte sie. – Irrtum! Er heißt Ingemar, nicht wahr Schatz? Herta küsste ihren Hünen voll Zärtlichkeit. Und wir sind, setzte sie, wieder zu mir gewandt, fort, wir sind beide im Sternzeichen Fische.

Und nächsten Monat, sagte sie augenzwinkernd, während wir uns schon verabschiedeten, nächsten Monat wird der Brillant versetzt.

Im Pfandhaus?, grinste ich.

Nein, sagte sie mit einem glücklichen Lächeln, nur um einen klitzekleinen Buchstaben.

FRANZ IM GLÜCK

Es regnete seit Tagen. Das war schlimm genug. Am schlimmsten daran aber war, dass meine Frau bei solchem Wetter ihre ganze üble Laune an mir auszulassen pflegte. Böse Falten hatte sie dann in ihrem hageren Gesicht, und statt zu kochen keifte sie den ganzen Tag herum. Aus Hunger – und auch, um sie auf andere Gedanken zu bringen, sagte ich: Karola, heute gehen wir fein abendessen. Ich lade dich ein. Was sagst du dazu?

Ich hatte böse Widerrede
erwartet, aber sie war gleich
einverstanden und
machte sich sofort
fertig zum Ausgehen.

Komisch, sagte sie,
als wir bald darauf Arm
in Arm losstiefelten,
komisch, ich dachte
immer, dein Schirm
wäre schwarz,
nicht blau.

Ich wollte gerade
erwidern, ist er auch,
da bemerkte ich es selber:
Mein Paraplü war eindeutig blau!
Ich spannte ihn auf
und bemerkte noch
eine Veränderung an ihm:
Dieses Gestänge da
war jetzt aus gelbem Messing,
statt wie früher aus
verchromtem, silbrig
glänzendem Blech. Meine Frau
sprach als Erste aus, was auch mir durch den Kopf schoss: Das ist

gar nicht dein Schirm, sagte sie, du hast ihn bestimmt verwechselt. Es klang nach einem Vorwurf.

Na schlecht, erwiderte ich, hab ich halt jetzt einen blauen. Mein alter war ohnehin schon ein wenig schrumplig und abgewetzt. Und der da ist wenigstens prall gespannt.

Karola sagte nichts. Wahrscheinlich erinnerte sie sich: Beim schwarzen Schirm war sogar schon eine Rippe abgebrochen gewesen, und die Bespannung eingerissen.

Wir gingen fein essen. Französisch. Ich bestellte soupe de poissons, was sich als Fischsuppe entpuppte, mein Frau nahm salade d'épinard au chêvre chaud au miel als Vorspeise – eine Art Salat mit Ziegenkäse und Honig, wie sie mir erklärte.

Was ist los mit dir?, fragte sie verwundert, als wir mit dem edlen Gobillard Rosé anstießen. Auf einmal so spendabel? Sonst gehen wir doch nie essen, und wenn, dann höchstens mal zur Happy Hour ins Interspar. Zum halben Preis Restl essen.

Ich lächelte nur und begann mich genießerisch dem Hauptgericht zu widmen, dem wirklich exquisiten Wolfsbarsch, den der Kellner eben bei mir abgestellt hatte, nicht ohne ein galantes: Voilà, votre loup de mer entier aux herbes fraîches, Monsieur! Bon appetit! Meine Frau machte sich bald darauf mit ähnlichem Entzücken über ein Gericht her namens Perdreau entier désossé rôti aux pruneaux d'agen. Geröstetes Rebhuhn mit Pflaumen, erklärte Karola.

Ich ließ mir einen Chablis premier cru Montmain 1989 dazu bringen, während meine Frau, die lieber süß trinkt, einen 2000er Vouvray bevorzugte. Mehrmals ließen wir uns nachschenken. Mit Erstaunen sah ich, mit welchem Appetit auch Karola aß. Sie war ohnehin viel zu dürr, dachte ich, wäre sie etwas molliger, hätte sie sicher weniger Falten und sähe gleich jünger aus. Vielleicht sollte ich öfter mit ihr fein essen gehen.

Nachher gab es einen Käseteller – une assiette de fromages divers – sowie als Dessert ein so genanntes Soufflé de poire et sa déclinaison. Was immer es war – es schmeckte hervorragend! Zum Abschluss hatten wir noch Cognac und bestellten dann noch mal Champagner. Wir waren bester Laune. Karola war wie ausgewechselt.

Und ich habe dich immer für einen Knicker gehalten, Franz, sagte sie reumütig. Verzeih mir, Schatz.

Ich verzieh.

Gerade in dem Moment servierte uns der Kellner ein wunderschönes Porzellantellerchen, mit einer kunstvoll gefalteten Stoffserviette darauf, unter der ein Zettel hervorlugte.

Das war die Rechnung. Ich hob einen Zipfel der Serviette und warf einen Blick auf die Summe – und wurde weiß.

Es war weit mehr als ich je in meinem Leben in der Tasche gehabt hatte. Und am allerwenigsten jetzt. Auch auf der Bank war ich hoffnungslos im Minus.

Ich zog das Portemonnaie, rein mechanisch, ohne die geringste Ahnung, was ich tun sollte.

Franz, wieso ist deine Geldtasche auf einmal rot, sagte Karola, mein Ehegespons. Die war doch immer semmelbraun?

Tatsächlich, sagte ich verwundert. Da muss wohl das rote Taschentuch abgefärbt haben.

Sie bestand darauf, sofort mein Taschentuch zu sehen. Ich zog es heraus. Es war knallgrün. Karola sah mich eindringlich an.

Oder was anderes, sagte ich. Dann klappte ich die rote Brieftasche auf, und ein Bündel Hunderter und zwei Fünfhunderter blinzelten mir entgegen.

Oh làlà, sagte meine Frau, und sah mich noch mal fest an. Ich wurde rot, fast wie die Brieftasche. Karola ließ mich erst noch zahlen. Dann wollte sie eine Erklärung von mir.

Ich weiß nicht, sagte ich. Vielleicht auch wieder eine Ver...

Sicher, unterbrach sie mich, Verwechslung, natürlich! Und ich weiß sogar mit wem: Das war garantiert der alte Herr nachmittags, der vor uns im Merkur-Markt. Der hatte so eine rote Brieftasche. Dass du immer alles verwechseln musst! Wirklich!

Na schlecht, sagte ich, hab ich halt jetzt ein rote. Meine alte war eh schon ein bisschen schrumplig und abgewetzt. Und die da ist wenigstens prall gefüllt.

*

Karola fand das nicht so lustig. Ihre gute Laune war wieder beim Teufel. Das hat noch ein Nachspiel, sagte sie in einem Ton, der wenig Gutes verhieß. Sie wollte sofort nach Hause aufbrechen. Einverstanden, sagte ich, ich muss nur noch mal für kleine Buben. Du kannst dich ja schon mal anziehen und dann draußen auf mich warten.

Nachher marschierten wir los und sprachen eine Weile gar nichts.

Sie waren umwerfend heute, fing meine Frau an, Loup de mer, Champagner, Cognac, Rebhuhn, Birnensoufflé – und wie geistreich Sie sind und sexy, Monsieur, très charmant!

Jetzt reicht's, Schatz, sagte ich und gab ihr einen sanften Rippenstoß, red bitte wieder normal! Oder noch besser: Gib mir lieber einen Versöhnungskuss.

Sie gab mir sofort einen leidenschaftlichen Kuss – aber während wir so im Dunkeln miteinander verschmolzen, kroch mir unversehens eine Gänsehaut den Rücken hinunter. Seit einer Ewigkeit hatten wir uns nicht mehr auf solche Art geküsst.

Pardon, Schatzi, sagte ich und entzog ihr meinen Mund. Eben in dem Moment erfasste der Lichtkegel eines nahenden Autos zufällig genau das Gesicht meiner Frau. Ich erstarrte: Noch im Restaurant hatte sie aschblonde Haare gehabt, jetzt waren sie auf einmal pechschwarz. Was – was um aller Welt – nein – oder doch – oh ja – sicher – da gab es – nur eine einzige Erklärung: Die Dame in meinem Arm war nicht meine Frau, sondern – die junge hübsche dralle Schwarzhaarige vom Nebentisch, die mir bereits während des Essens mehrmals auffällig zugezwinkert hatte.

Schon wieder eine Verwechslung, dachte ich einen Moment lang zerknirscht.

Doch bald siegte mein gewohnter Optimismus, und ich begann mich in mein Missgeschick zu fügen.

Na schlecht, sagte ich zu mir, hab ich halt jetzt eine Schwarze. Meine Alte war eh schon ein bisschen schrumplig und ab …

32

Ich konnte den Satz nicht vollenden, denn in dem Moment fühlte ich einen schmerzhaften Stich im Rücken, und auf meiner linken Schulter zerbarst gleich darauf laut krachend etwas wie ein Regenschirm. Ich werd dir gleich geben von wegen schrumplig, zeterte eine schrille Stimme hinter mir aus dem Dunkeln, glaubst du vielleicht du bist nicht schrumplig und abgewetzt? Abgenutzt bist du, und langweilig, und zahnlos und völlig vertrocknet!

Es war meine Frau, die uns gefolgt war. Und glaubst du vielleicht, ich finde deine ewig gleichen Macho-Witze noch lustig, schrie sie, und deine ständige Schlamperei und Zerstreutheit? Auf die Nerven gehst du mir, du alter Trottel, auf die Nerven, sonst nichts! In dem Ton ging es dahin. In wütendem Stakkato stieß sie eine Beleidigung nach der anderen hervor, schlug dabei mit dem ruinierten Messingschirm wie verrückt auf mich ein, wobei sie den besonders heftigen Schimpfwörtern mit extraharten Schlägen zusätzlichen Nachdruck verlieh.

Und wenn ich wirklich abgenutzt sein sollte, und ein bisschen schrumplig, wovon wäre ich es denn, zeterte sie, wovon wäre ich denn schrumplig und abgewetzt, wenn nicht dadurch, dass ich mich jahrzehntelang abgerackert habe für den gnädigen Herrn Taugenichts. Für wen habe ich denn Tag und Nacht geschrubbt und gewienert und gekocht, und eingekauft und vor lauter Sockenwaschen, Kochen, Abwaschen und Putzen schrumplige Hände bekommen? ...

Je länger sie dahinschimpfte, desto wütender wurde sie, und ich hatte Mühe, mich mit vorgehaltenen Händen vor allzu bösen Schirmattacken zu schützen, bis ich endlich über einen Randstein stolperte, nach hinten stürzte und in einer Regenlacke liegen blieb.

Sie sah einige Sekunden kalt und verächtlich auf mich herab, warf mir der völlig zerfetzten Schirm auf den Kopf und sagte: Das war's! Ich will dich nie wieder sehen, du schrumpliges abgewetztes Nichts! Sprach's, drehte sich um und ging stocksteifen Schrittes davon.

Es dauerte eine Weile, bis ich mich hochrappelte. Das dreckige Wasser lief mir in Bächen vom Mantel. Die Hose klebte kalt an den Beinen, und eine Hüfte schmerzte heftig.

Meine dralle Schwarze hatte sich natürlich längst aus dem Staub gemacht. Wie eine Inspektion meiner Manteltaschen ergab, in Begleitung der drallen Roten – meiner prall gefüllten roten Brieftasche.

Es begann wieder stark zu regnen. Ich fischte den zerfetzten Schirm aus der Pfütze, schüttelte ihn und versuchte ihn über den Kopf zu halten. Es half nicht mehr: Seine Rippen waren abgebrochen, und seine Haut hing zerrissen zwischen dem wirren Gestänge.

DER HEIDELBEERYOGI

Mein Freund René besuchte mich auf meiner Hütte. Ich war damals Viehhüter und Hüttenwirt auf der Wurzmeisteralm. Einer einsamen Alm, gelegen am Ursprung des Weißpriachtales, in den Niederen Tauern.

Gleich nach der Begrüßung nahm René den Rucksack ab und übergab mir den Proviant, den er mitgebracht hatte: ein Döschen Fertiggulasch und zwei Kohlrabi.

Du wolltest doch Fleisch und Gemüse, sagte er. Mit dem Gulasch können wir einmal ordentlich warm essen. Und aus dem Kohlrabi könntest du zum Beispiel Suppe machen.

Ich nickte und brachte den Proviant in die Speisekammer.

René hatte erfreulicherweise keine Schwierigkeiten, sich an das Leben auf der Alm zu gewöhnen. Nachmittags unternahm er Ausflüge in die Umgebung. Da war ich regelmäßig mit der Bewirtung der Gäste und anschließend mit Viehhüten beschäftigt und konnte ihn nicht begleiten. Du musst mich entschuldigen, sagte ich.

Mach dir kein Problem daraus, antwortete er. Das geht schon in Ordnung.

Am Morgen nach seiner Ankunft stand ich früh auf, wie es mir hier zur Gewohnheit geworden war. Schlaftrunken humpelte ich die steile Holzstiege hinab und betrat die Stube. Es roch nach Petroleumrauch vom Vorabend. Mich fror. Noch im Nachthemd, suchte ich nach etwas Zeitungspapier, legte ein paar Knäuel in den Ofen, machte Späne und zündete an. Dann wusch ich mich rasch, draußen am Brunnentrog, schickte dabei einen Blick nach dem Wetter, und zog mich eilig an. Die Hose war vom Vortagsregen noch etwas feucht, weil über dem Ofen kein Platz mehr gewesen war zum Aufhängen. Ein Wanderer braucht unbedingt trockenes Zeug, hatte René gesagt, als er am Vorabend die Stange über dem Ofen mit seinen eigenen Sachen voll gehängt hatte.

Das Anfeuern machte Schwierigkeiten. Die Löcher und Klissen in der Ofenplatte spien Rauch aus. Auch aus den Fugen, wo die Ofenrohre ineinander staken, qualmte es heraus, und aus dem Kaminstutzen, dick grau und schwefelgelb.

Ich kniete mich vor das Ofentürl und blies zwischen die kümmerlich glosenden Späne. Asche und Rauch fuhren mir ins Gesicht.

Ich hustete. Das Feuer war ausgegangen, beizende Schwaden füllten die Stube. Ich riss die Fenster auf.

Beim nächsten Versuch hatte ich mehr Glück – bald knackte es fröhlich im Ofen und knallte und zischte, und ein energisches Prasseln ließ sich vernehmen. Die Stubenfliegen saßen schon alle auf der Herdplatte versammelt. Auch sie wollten gewärmt sein.

Vor einigen Tagen hatte ich sie genau beobachtet: Am Anfang, gleich nach dem Anzünden, sammelten sie sich dort, wo sich die Platte am frühesten erwärmte – auf dem runden Einsatz. Sobald es ihnen dort zu heiß wurde, liefen sie weg vom Zentrum, immer ein paar Schrittchen, nur so weit eben, bis ihnen die Temperatur wieder angenehm war.

Ähnlich wie man es vom Baden der Japaner berichtet, in ihren heißen Vulkanquellen, so machten auch die Fliegen einen Sport daraus: Wer hält die größte Hitze am längsten aus.

Manche überschätzten sich dabei, schien es: Sie liefen plötzlich aufgeregt weg, ein bisschen im Kreis herum, als hätten sie angesengte Fußspitzen und müssten sie rasch abkühlen – auf dem Eisen. Manche flogen auch hoch und besprangen irgendeine in der Nähe sitzende Artgenossin. Beide Partner surrten dabei heftig und laut hörbar mit den Flügeln. Die Wärme machte sie geil, das Spiel mit dem Feuer, die Gefahr. Und hin und wieder verpasste ein Liebespaar gemeinsam – im Eifer des Gefechts – den rechten Augenblick des Rückzuges. Dann verbrutzelten beide zuckend auf der Ofenplatte.

Die Stube begann sich zu wärmen. Inzwischen war ich mit dem Aufräumen beschäftigt. Der Schwäche des Kerzenlichtes wegen war am Vorabend einfach alles liegen und stehen geblieben.

Schmutziges Geschirr war da am Tisch, umgeben von Socken, Unterleibchen, von Bananenschalen und Kerzenstummeln; da steckten abgebrannte Zünder in Essensresten, klebte ausgeflossenes Wachs auf der Tischplatte. Verstreut auf den Bänken und auf dem Boden lagen in buntem Durcheinander Gewandteile, Messer, Mikadostäbe und zerknüllte Decken. Nussschalen kugelten herum, Münzen und Plastikbecher, Bierdeckel und sonst noch allerlei. Unter der Bank lagen Taschentücher, leere Flaschen und im Halbdunkeln verloren gegangene Spielkarten. Ich hatte eine schöne Weile zu tun, dem Chaos beizukommen.

Im Flur draußen stellte ich die verstreut herumliegenden Schuhe auf die Stellage, auch die Stiefel und Pantoffel. Zum Schluss mussten die schweren Bänke und die Hocker auf den Tisch, damit gekehrt werden konnte.

Die Petroleumlampe gehörte nachgefüllt. Am Herd musste zweierlei Wasser aufgestellt werden, ein Häferl für Tee und Kaffee, eins zum Eierkochen, außerdem Milch. Weiters brauchte ich für das Frühstück Brot, Eier und Gemüse aus der Speis. Und von draußen, aus dem kühlenden Brunnentrog, fischte ich mir die im Wasser treibende Butter und eine mit Wurst und Käse vollgestopfte Plastikdose. Rasch das Frühstück aufgedeckt!

Vom Scheiterstoß vor der Hütte war nachher Holz zu holen, um es drinnen aufzuschlichten, an der Kaminmauer neben dem Ofen.

Mittlerweile war es neun Uhr geworden. Milch und Wasser waren längst heiß, die Eier gekocht. René war sicher noch müde von seinem gestrigen Aufstieg. Ob er etwas dagegen hätte, wenn ich schon einmal einen Kaffee voraustrank? Ich horchte. Von oben war, trotz des dünnen Bretterplafonds, kein Laut zu hören.

Am Herd stehend, genehmigte ich mir ein Tässchen im Voraus. Das Frühstück stand fertig auf dem Tisch. Fast hätte ich es vergessen: René hatte sich doch auch Käse und Müsli mit Heidelbeeren gewünscht. Ich holte das Fehlende herbei. Verführerisch duftete schließlich alles: nach frischer Almbutter von Loisa, nach dem würzigen Bauernbrot. Dazu die Eier, Tomaten und Schnittlauch – ein verlockendes Bild.

Doch ich beherrschte mich.

Noch wartete ohnedies eine Menge Arbeit auf mich: Unter dem Dachvorsprung spannte ich eine Wäscheleine, Essenszutaten für die Gäste mussten vorbereitet werden, Kartoffeln geschält, Rosmarin und Petersilie geschnitten. Eine Kiste Bier musste zum Einkühlen in den Brunnen gestellt werden. Auch je eine Kiste Limonade und Radler. Dann wusch ich das Geschirr vom Vortag ab.

Mittlerweile war es zehn Uhr geworden und ich hörte es seit einer Weile oben und unten rumpeln. Das Rumpeln unten stammte von meinem Magen, der sich lautstark meldete. Das obere kam aus dem ersten Stock – von René, der jetzt offenbar munter war. Ob es taktlos wäre, vorsichtig bei ihm anzuklopfen und zu fragen, ob er bald zum Frühstück käme?

Ich stieg die Holztreppe hinauf und klopfte vorsichtig.

Was ist denn, kam es dumpf durch die Tür.

Ob er nicht zum Frühstück kommen wolle – es sei alles bereit, sagte ich.

Ich hörte dumpfes Gemurmel, dann nichts mehr.

Noch einmal klopfen. Nichts.

Schließlich trat ich ein.

Was ist passiert, René, stammelte ich und eilte erschrocken auf ihn zu.

Seine Gliedmaßen schienen ausgerenkt oder überhaupt abgefallen zu sein, hinter dem rechten Ohr schaute ein linker Fuß hervor, der Kopf war unten auf der Bettdecke, die am Boden lag. Darüber, ineinander verknotet, schwebten Arme und Hinterteil.

Um Gottes willen, René, sag mir doch, wie kann ich dir helfen, rief ich, noch besorgter, weil er anscheinend nicht mehr antworten konnte.

Du störst!, kam endlich eine gepresste Stimme unter seinem Popo hervor. Um diese Zeit mache ich Yoga. Solltest du eigentlich wissen! Das Gesicht unter dem Popo zog die Mundwinkel nach unten. Da das Gesicht kopfüber umgedreht war, hieß das, dass er lächelte. Wenn auch etwas säuerlich. Immerhin zeigte er damit Bereitschaft, mir dieses eine Mal noch meine Vergesslichkeit nachzusehen.

Nachdem ich mich vergewissert hatte, dass er wirklich keine Hilfe brauchte, entfernte ich mich betreten und drückte leise von außen die Tür zu.

Auf Zehenspitzen schlich ich die Stiege hinab.

In der Stube blieb mein Blick an dem appetitlichen Bild des Frühstückstisches haften. Ob es verzeihlich wäre, wenn ich mir jetzt gleich, ohne René, ein Schnitte Brot mit frischer Butter genehmigte?

Ich begann auf dem Holzplatz vor der Hütte Rinde in Bananenschachteln zu sammeln, zum Anfeuern für kommende Tage. Zwischendurch tat ich hin und wieder, wenn auch schlechten Gewissens, schnell einen heißhungrigen Biss von dem Butterbrot, das ich auf dem Fensterbrett abgelegt hatte.

Um halb elf klopfte ich vorsichtig wieder an bei René. Keine Reaktion. Ich trat ein.

René schien gerade den Versuch zu unternehmen, in seine eigene rechte Zehenspitze zu beißen.

Du, René, sagte ich, ich würde jetzt gern frühstücken. Der Kaffee wird kalt und die Milch langsam hautig. Und überhaupt wird es bald elf ...

Du störst, sagte René unwirsch. Ich bin gerade bei der Garbasana-Stellung. Die erfordert besondere Konzentration, erklärte er streng.

Dann hatte er einen Einfall, wie ich meinen Fauxpas noch ins Gute wenden konnte: Du kannst mir meinetwegen das Frühstück vor die Tür stellen. Sag aber dann nichts mehr, klopf nur leise, ich weiß dann schon Bescheid, quetschte er hervor. Er hatte mittlerweile eine gedrehte Stellung eingenommen, bei der er aussah wie ein Putzfetzen, der gerade ausgewunden wird. Wie die neue Stellung hieß, wagte ich nicht zu fragen.

Wie du willst, René, sagte ich, mich vorsichtig zurückziehend.

Auf einem Tablett stellte ich ihm sein Frühstück zusammen. Kaffee, Tee, Käse, Ei, Butter usw., von allem etwas. Besteck und

Serviette nicht vergessen! Und natürlich sein Müsli dazu. Leise klopfte ich oben und stellte das Tablett vor der Tür ab.

Mittlerweile wird er schon bei der Chakra-Stellung sein, dachte ich mit einem leichten Anflug von Ehrfurcht, während ich in Socken die Treppe wieder hinunterschlich. Woher ich das Wort kannte? Ich hatte in der Stube unten sein Yogabuch entdeckt: Die Chakra-Stellung war die übernächste nach der Putzfetzenstellung.

Unten angelangt hörte ich Stimmen vor der Hütte. Die ersten Gäste waren da und hatten an dem verwitterten Holztisch neben dem Zaun Platz genommen. Rasch brachte ich meine Haare in Ordnung, zog das karierte Hemd an und die Lederhose und schlüpfte in die bestickten grünen Kniestrümpfe und meine Genagelten. Den zünftigen Hut mit Gamsbart noch schnell aufgesetzt, dann trat ich hinaus.

Grüaß enk, sagte ich forsch, im breitesten Dialekt, möglichst lungauerisch. Man musste den Fremden Gelegenheit geben, einen echten einheimischen Almhirten kennen zu lernen. Dass ich eigentlich ein Flachländer bin, genau wie sie selbst, und ein Großstädter, das musste man ihnen nicht unbedingt auf die Nase binden.

Juten Tach, antworteten die Gäste.

Asso, ös hatz vo draußen. Mach ma a bissei Urlaub da in die Berg?

Auch ein bisschen Smalltalk war man schuldig – war sozusagen in den Preisen inbegriffen.

Tja, wir komm' schon seit zehn Jahren jedes Jahr hierher. Wunderbare Jechend, und heute ham wa obendrein schönes Wedder!

Wo hatz denn her, wamma fragn derf? Ah, ausm Sauerland! Ös mögts bestimmt mei sauerne Milli, stimmts? Na, Spaß beiseite, wos derf i enk denn bringa?

Tja, wat ham se denn anzabieden?

Na ja, Bier halt, Kracherl, an Schnaps natürli ...

Ham se auch wat zu fuddern?

Zum Essen moanans? Jo freili, ober wos Warms gibt's erscht schbeda, iatz kinnans Butterbrote ham oder Kas oder a Speckbrote.

Man entschied sich für Käsebrote. Er bestellte ein Bier, sie wollte Buttermilch.

Dö is allerdings möglichaweise nimma ganz frisch, sagte ich, und nahm die Buttermilchflasche aus dem Brunnentrog gleich neben dem Tisch, wollen Sie s' trotzdem?

Sie bestand auf Buttermilch.

Man soll die Menschen nicht zu ihrem Glück zwingen. Wann sie's unbedingt will, kann sie's haben, ihre Buttermilch. Unter uns gesagt: Sie war schon ein bissl sehr alt, die emeritierte Buttermilch, warf schon große Blasen aus, und so ein rosaroter Edelschimmel verlieh ihr eine ganz eigenartige Farbe. Die Sennerin von der unteren Alm hatte sie mir fünf Tage zuvor mitgegeben. Ich weiß allerdings nicht, ob sie noch gut ist, hatte die damals schon gesagt.

Die beiden machten es sich am Tisch bequem. Es war warm. Die Sonne war endlich hinter der Teufelskirche, unserem Hausberg, hervorgekommen, wie immer genau über dem Wasserfall. Sofort wurde es wärmer, und würzig duftende Dunstschwaden begannen aus den taufeuchten Wiesenkräutern aufzusteigen. Es war sicher angenehm, hier zu sitzen. Die Halme wiegte ein milder Wind, und auf den blühenden Nelkenpolstern rundum tummelten sich summend die Bienen neben allerlei anderem Getier.

Ich traute fast meinen Augen nicht, aber die tapfere Sauerländerin hatte wirklich zwei Häferl von der Buttermilch getrunken, als ich wiederkam.

Mittlerweile gab sie mir allerdings recht: Die war vielleicht wirklich nicht mehr die allerfrischeste, sagte sie, und ihr Gesicht hatte dabei ungefähr die grünliche Farbe der Käsebrote mit dem verlangten „echten selbst gemachten Almkäse", die ich ihnen gerade hinstellte.

41

Echt ist er ja, dachte ich. Echt ist alles.

Selbst gemacht ist er auch. Selbst gemacht ist eigentlich auch alles. In diesem Fall freilich nicht von mir, sondern von einer bekannten Käsefabrik in Stuttgart. Und selbst gekauft ist er obendrein. Sogar von mir selbst. Beim Supermarkt unten im Dorf.

Im Ernst: Wie sollte ich auch Käse selbst erzeugen, wenn ich nur Ochsen auf der Alm hatte? Hätten sie eigentlich selber draufkommen müssen, wenn sie eins und eins zusammenzählten. Oder besser gesagt, nicht zusammenzählten, weil's bei Ochsen nichts zum Zusammenzählen gibt.

Aber der gesunde, gläubige Appetit, mit dem sie strahlend die so wahnsinnig gesunden Naturprodukte verzehrten, der war doch an sich schon gesundheitsfördernd. Viel gesünder sogar, als es das gesündeste Essen von sich aus jemals sein konnte. Nur ein gefühlloser Wahrheitsfanatiker hätte es über sich gebracht, ihnen diese gesunde, unschuldige Freude zu verderben. Ich tat es nicht.

Die Gäste schmatzten zufrieden, für mich selbst war es leider zu spät für ein Frühstück. Es war nämlich höchste Zeit, etwas Warmes für Mittag zu kochen.

Ich machte noch einmal Feuer an. Diesmal brauchte ich eine kräftige Hitze. Zwischen dem Feuerschüren und Nachlegen schnitt ich schon den Kohlrabi und machte eine Einbrenn für die Suppe. Die konnte durchaus ein paar Kräuter vertragen.

Thymian zum Beispiel von der Almwiese. Von dort könnte man auch gleich ein paar Blumen als Schmuck für die Gästetische mitnehmen – die alten sind gänzlich verwelkt. Frische Blumen sind – man darf das nicht unterschätzen – wichtig für die Gästefrequenz. Das wirkt schon von Ferne einladend – plätschernder Brunnen, frische Blumen, saubere Almhütte ... Jösses, apropos: Die volle Aschenlade stand ja noch vor dem Eingang, die musste sofort entleert werden und wieder unter den Rost geschoben.

Für Thymian und Blumen hatte ich keine Zeit mehr: Das Fett brutzelte schon, Zwiebel hätte längst geschnitten sein müssen, das Spaghettiwasser kochte bereits, und auch die Erdäpfel gehörten zugestellt. Außerdem war ich noch nicht einmal dazugekommen, die immer noch über dem Herd hängenden Hosen abzunehmen, doch wollten die ersten Gäste unbedingt sofort zahlen, und einige neue Gäste hatten bereits Platz genommen und wollten sofort bestellen. Man müsste fünf Hände haben!

Ob vielleicht René mir schnell den Thymian und die Blumen holen könnte?

Ich hetzte die Treppe rauf. Vorsichtig klopfte ich an. Nichts rührte sich. Ungeduldig pumperte ich noch mal. Keine Reaktion. Ich trat ein.

René, könntest du mir bitte helfen, fing ich an, ich bräuchte dringend Thy- ... Ich stockte mitten im Satz; René stand auf dem Kopf, sein Hals war geschwollen, das Gesicht blaurot.

Du störst, krächzte er, in einem Ton, dass ich dachte, er sei vielleicht vor Wut so blaurot. Auf einmal verlor er das Gleichgewicht und krachte auf die Wolldecke herunter, haarscharf an der Kaffeekanne vorbei. Himmelkruzifixsakramentnocheinmal, fluchte er, musst du immer stören? Ausgerechnet bei der Sirsasanam-Stellung? Dann besann er sich, dass er eigentlich mein Gast war, und gab mir daher eine Chance, meine Scharte auszuwetzen: Nimm jetzt wenigstens das leere Tablett mit, ich brauch, wie du siehst, etwas mehr Platz!

Während er mir erklärte, dass man jeden Tag mit Yoga beginnen sollte, servierte ich das Frühstück ab. Gott sei Dank hatte es ihm wenigstens geschmeckt, stellte ich mit einem raschen Blick fest – außer dem Geschirr und den Zahnstochern war nichts mehr übrig.

Wieder unten, in der Küche: Tablett abräumen, Einbrenn zwischendurch rühren, Scheiter nachlegen, Kartoffelwasser salzen, wieder Einbrenn rühren, bitte zahlen – schon zum zweiten Mal. Jetzt muss ich, sonst laufen sie mir am Ende so weg. Bitte sehr, mir ham ghabt ... zwei Bier ... Kasbrote ... macht soundsoviel, Herr Wirt, ja ich komm gleich, an Moment noch, Gläser gleich mit reingenommen und abgespült, wir haben ja nur fünfzehn davon, Einbrenn umgerührt, Scheit nachgelegt, Einbrenn aufgegossen, wo ist denn der Deckel vom Suppentopf, noch nicht abgewaschen, schnell abgespült und rauf, und jetzt raus, grüaß enk, tuat ma load, dass i grad a bissl im Schdress bin, was wollts denn? Ja, was Woarms gibt's ah, a Almkräutersuppen in einer halben Stund, Spaghetti oder Tirolergröstl als Hauptspeis und Heidelbeertatscherl ab halbizwoa.

Was Heidelbeertatscherl san? An Moment, I muass gschwind eini, kimm glei wieder, nehmts enk des Bier bittgarschön selber ausm Brunn, da habts an Öffner.

Auf dem Herd drinnen geht's rund. Alles brutzelt und brodelt gleichzeitig, das Schiffwasser kocht und muss gewechselt werden, Suppenwürfel in den Suppentopf, die Spaghetti ins Wasser, halt, da fehlt das Salz noch, so, ein bisschen wegrücken auf den Herdrand, so stark übersprudeln soll es auch nicht, den Teig für die Tatscherl anrühren, Milch aus dem Brunnen holen, Mehl, Eier, geht schon, schneller, wieder raus zu den Gästen, ach so, die Heidelbeertatscherl erklär ich gleich, nein, Kiwilimonade hamma leider nicht, aber klar, drinnen gleich die erste Tür rechts hinter dem Hirschgeweih, frische nicht mehr, leider, ist alles aus, aber Speck oder Käse hätten wir noch ...

Jetzt hatte ich endlich einen Augenblick Zeit für den Thymian. Lief raus auf die Weide und rupfte Thymian ab, und mit zwei, drei kräftigen Griffen auch ein paar große Garben anderer Pflanzen, Gras, Blumen, Brennnessel, was halt grad beisammen stand in den Büscheln, die die Ochsen auf der Weide übriggelassen hatten. Das Blütenzeug war für die Vasen, das Grüne für die Suppe. Nichts direkt Giftiges sollte halt dabei sein, aber sonst – war ja eh alles Natur pur. Und würde der Suppe Farbe geben und Charakter. Schon war ich wieder in der Küche. Die Spaghetti waren ein bisschen zu weich geworden. Schnell abgießen. Ging schon noch. Und wieder: Bitte zahlen! Bitte noch ein Almdudler! Bitte dies, bitte das ...

In der Art ging's dahin, bis halb zwei. Ohne Pause.

Irgendwann zog ich mir hinter der Hütte eine Zigarette rein. Habt mich alle gern!, dachte ich, das muss „drinnen" sein. War aber anscheinend nicht drinnen: Etliche Gäste muhten schon wieder unzufrieden nach mir. Ich dämpfte die Zigarette aus.

Kaum konnte ich mich des Interesses erwehren, das meiner Person von allen Seiten entgegenschwappte, als ich wieder auftauchte: Heidelbeertatscherl und Kaffee wollten jetzt fast alle.

Gott sei Dank, dass die Tatscherl bereits fertig gebraten waren. Ich musste nur noch in die Küche, um sie zu holen.

In der Küche stand René. Er wischte sich gerade seinen violett umrahmten Mund ab.

Deine Heidelbeertatscherl waren wirklich köstlich, sagte er lobend, während er noch schmatzend ein paar Reste hinunterschluckte. Ich hab dir ein paar übrig gelassen, falls du noch Hunger haben solltest. Du brauchst mir übrigens sonst nichts zu kochen – ich bin satt. Weißt du eigentlich, dass Heidelbeeren eine beruhigende und reinigende Wirkung auf Körper und Seele haben? Solltest du dir unbedingt merken! Deshalb haben sie jetzt auch so herrlich zu meiner Abschlussübung gepasst, der Yomidi-Meditation.

Ich war ihm dankbar für seine Information. Die beruhigende Wirkung der mickrigen zwei übrig gebliebenen Heidelbeertatscherl konnte ich nämlich jetzt keinesfalls entbehren. – Ich aß sie selbst auf, bevor ich meinen Gästen den Kaffee servierte – nun eben ohne Mehlspeis.

René war inzwischen zu seiner Wanderung aufgebrochen.

Gegen halb fünf ließ das Geschäft etwas nach. Endlich konnte ich frühstücken. Oder mittagessen. Oder abendessen, wie man es nennen will.

Die Spaghetti würde sowieso niemand mehr bestellen. Ich aß sie auf. Den Rest Almkräutersuppe, der noch übrig war, schüttete ich jedoch weg. So felsenfest vertraute ich meinen Botanikkenntnissen nun auch wieder nicht, dass ich sie selber zu kosten wagte. Aus heutiger Sicht wäre das Risiko freilich gering gewesen: Alle meine Suppengäste hatten es ja nicht nur geschafft, aus eigener

Kraft den Heimweg anzutreten, sondern sie hatten anscheinend auch alle das Tal erreicht. In der nächsten Ausgabe der Lungauer Nachrichten fand ich jedenfalls nichts Gegenteiliges vermerkt. Was mich, da ich im Prinzip ein Menschenfreund bin, sehr erleichterte.

Ich blickte nach der Uhr: Um diese Zeit kam kaum noch ein Gast. Einer zahlte noch. Jetzt war es Zeit, nach dem Vieh zu sehen. Hoffentlich waren sie alle beisammen und gesund und wohlauf, meine lieben Kuhmuhli.

Der Weg hinauf war steil und beschwerlich. Eine Stunde lang sah ich überhaupt keine einzige von ihnen. Endlich, vom Kesselboden aus, ich glaubte es kaum, erblickte ich drei. Ganz hoch oben, fast schon am Fuß der Blutspitzwand, dort wo die Süßleiten ganz steil an den Felsen sich anbiedert. Ich begann den Aufstieg.

Wie oft mögen wohl Hirten ihre Rinder auf ähnliche Weise gehütet haben? Die weggelaufenen Tiere wieder herbeitreiben, die Herde beisammenhalten, sie zählen, sie vor Gefahren bewahren, sie lenken auf nahrhafte Weiden, damit sie wächst und gedeiht – die gleiche Tätigkeit, Tag für Tag, jahraus jahrein, über Jahrtausende und über alle Weltgegenden hinweg kaum ein Unterschied. Was ich hier tue, erlebe, ist nichts Individuelles: Es ist die zigmillionste kaum unterscheidbare Variation der ewigen Hirtenmelodie.

Ich bin jetzt ein Teil dieser Melodie. Steige bergan, meine Herde zu sammeln.

Nach zwanzig Minuten erst erreiche ich ihre Höhe. Die letzten Meter kommen sie mir zur Begrüßung entgegen. Butzi butzi butz!, grüße ich zurück, schwer atmend und verschwitzt. Was macht ihr denn ganz alleine so weit da heroben? Wisst ihr nicht, wie leicht ihr hier abkugeln könnt, ihr Dummerchen?

Ewige Hirtensorge: Alle vollzählig und heil wieder heimbringen. Keines verlieren.

Von dem Platz überblickt man fast jede Nische des ganzen Talkessels. Ich nehme das Fernglas. Doch auch damit: Nirgends ein Schwanz von den restlichen Rindern zu sehen.

Na, wo sind denn eure Brüderlein, rede ich mit meinen drei bereits gefundenen, wo habt ihr sie denn gelassen?

Sie folgen mir bereitwillig bei meiner Suche – sie haben das Salz im Rucksack gewittert.

Viele Möglichkeiten bleiben ja nicht mehr.

In der oberen Bärei – nichts.

Ich marschiere mit meinem tierischen Gefolge zum Wald rüber, dann zu den Moosfelsen.

Da! Ist da nicht was zu hören gewesen?

Ich bleibe stehen, lausche.

Nichts.

Habe ich mich getäuscht?

Ich lege die Hände hinter die Ohren, horche nach allen Seiten.

Da, jetzt wieder, ganz deutlich: Leises Glockengebimmel!

Ich erkenne sogar die Glocke vom Nero!

Er heißt so, weil ein rotbrauner, besonders dunkler Fleck seinen Rücken und Kopf fast ganz bedeckt. Beinah schwarz ist er, könnte man sagen.

Ich laufe ein paar Schritte zur Felskante hinaus. Eine moosige Scharte darin erlaubt – zwischen Baumwurzeln und Farn hindurch – einen Blick hinunter: in Schwindel erregende Tiefe. Fast senkrecht unter mir sind etliche weißbraune Flecken auszumachen, hinter knorrigen Zirbenstämmen und Lärchengeäst, und deutlicher und lauter nun schellt auch die Leitglocke.

In der mittleren Bärei treibt ihr euch rum, da sieh mal einer an, sage ich, da gefällt es euch!

Das ist freilich keine Kunst, fahre ich fort in meiner Ansprache ohne Zuhörer, das ist freilich keine Kunst, dass es einem dort gefällt, das ist freilich ein schönes Platzerl! So mitten in der Abendsonne, zwischen lauter Blumenpolstern und saftigem Gras. Mit dem kleinen munteren Bach, der da zwischen blanken Steinen dahersprudelt, zwischen würziger Kresse und gelbem Steinbrech. Appetitlicher und sauberer und bequemer kann euch Speis und Trank freilich nicht mehr serviert werden, ihr ausgeschämten Feinschmecker, ihr verwöhnten!

Auch die drei Ausreißer hinter mir machen jetzt ein paar übermütige Galoppsprünge, vor Erleichterung, ihre Herde wieder gehört zu haben, oder sogar gewittert.

Immer schön langsam, bremse ich die drei. Noch sind wir nicht dort – bei euren Verwandten!

Auf einem Umweg, in weitläufigen Serpentinen die felsigen Abgründe umgehend, führe ich das Dissidenten-Trio sicher hinunter, heimwärts zu ihren Brüdern.

Jetzt geht es ans Zählen und ans Salzgeben.

Schon beim Näherkommen muss man anfangen. Von oben hat man ja die bessere Übersicht.

Einmal, noch einmal und noch einmal zählen. Gar nicht so einfach ist das. Immer wieder laufen ein paar durcheinander. Habe ich den Blonden vom Peterbauern vorher schon mitgezählt? Ist der kurznackige Pinzgauer vom Kreischaberg-Pauli erst jetzt unter die Bäume gelaufen? Habe ich den zu zählen vergessen? Endlich bin ich sicher: Sie sind vollzählig, alle dreiundzwanzig.

Noch im Gehen krame ich das Salz aus dem Rucksack.

Die Ersten haben uns nun bemerkt. Neugierig starren sie uns an. Hinten setzt sich schon einer der blonden Ochsen in Bewegung. Er ist besonders salzgierig. Bald wird uns ein ganzer Trupp entgegenlaufen.

Nur mit der Ruhe, sage ich. Bleibt nur, wo ihr seid! Für die ganz Gierigen gibt's nicht früher was als für die anderen.

Dann treffen wir aufeinander. Ungeduldig drängen sie heran, schnuppern an dem Salzsack, schieben einander beiseite. Immer mit der Ruhe, sage ich wieder, bringe mit der Linken den Sack in Sicherheit, über meinem Kopf, während die Rechte mit dem Stock droht. Einer kriegt sogar eins zwischen die Hörner. Die Vordersten weichen ein paar Schritte zurück. Doch hinten drängen schon andere nach.

Gut, sage ich, wie ihr wollt. Glaubt ihr, ich lass mich von euch hörndeln? Ich habe Zeit!

Ich klettere über ein paar Felsbrocken und setze mich weiter oben auf einen Baumstumpf.

Muh, schreit mein salzgierigster Ochs ungeduldig. Alle äugen mir nach. Etliche stapfen zögernd einige Schritte näher. Bleiben unschlüssig stehen. Stieren mich an.

Die Entferntesten aber, unten hinter der Lärchengruppe, riechen erst jetzt das Salz. Und setzen sich prompt in Bewegung. Salz! Ein magischer Geruch. Weißes Gold. Wie ein Feldherr sitze ich da oben, in dem Sack den Sold für meine Soldaten. Immer schön brav sein, sage ich, dann gibt's Leckei. Verständnislos glotzen sie mich an, mit ihren schönen großen Augen.

Ich krame eine Zigarette raus, rauche. Nach etlichen Minuten, wo sich nichts tut, fängt der am nächsten stehende Ochse wieder an zu grasen. Langsam verliert einer nach dem anderen das Interesse an mir. Rund um mich herum beginnt man das Abendmahl fortzusetzen und die Versammlung aufzulösen. Nur eines der Rinder lässt mich nicht aus den Augen. Unverwandt stiert es mich an. Welch übermächtiges geheimnisvolles Zauberwesen ist das?, philosophiert es wohl in seinem Ochsenhirn: So viel kleiner und schwächer als wir, und doch so viel mächtiger?

Erst als die Herde sich völlig an meine untätige Anwesenheit gewöhnt hat und mich wieder ignoriert, dann erst ist der richtige Zeitpunkt gekommen: Ich erhebe mich und marschiere ein paar Schritte bergab, zu einer Stelle mit großen flachen Steinen. Die dienen mir jetzt als riesige Teller. Mit der bloßen Hand fahre ich ein ums andere Mal in den Sack und bestreue zügig mehrere Steinblöcke mit Salz. Die bestreuten Felsen sollen nicht zu nah beieinander sein, damit jeweils rundherum genug Platz bleibt für die Leiber der Rinder. Wieder bin ich der Wirt. Meine jetzigen Gäste kommen schnaufend herbei, die schweren Köpfe mit dem Gehörn bei jedem Schritt wiegend.

Schon fährt bei den ersten die lange Zunge aus, gierig schnaubend senkt sich die breite Schnauze ein ums andere Mal nieder, bläst mit den Nüstern ganze Fontänen Salz hoch. Dicht an dicht stehen die mächtigen Leiber aneinander gedrängt. Bisweilen schiebt einer gutmütig einen schwächeren Konkurrenten zur Seite. Einträchtiges Schnauben ist rundum zu hören, und das schabende Geräusch der rauen Zungen, wie sie geschäftig über die Steine streichen. Die Köpfe beisammen im Zentrum, umstehen sie sternförmig ihre Lecksteine. An der Peripherie der Sterne indessen die Rinderschwänze, sie vollführen alle unermüdlich ihre eleganten Tänze – in einer perfekten Verbindung von lässig gedankenloser Schönheit und praktischer Effizienz – im Fernhalten der Fliegen.

Die Abendsonne wirft lange Lichtbänder auf die Wiese, zwischen den länger werdenden Baumschatten. Sie färbt die wohlgenährten Rinderleiber golden und verleiht ihren dunklen Fellflecken ein schimmerndes Leuchten, als wären sie von blankem Kupfer.

Da hinten sind noch drei Nachzügler, die nichts erwischt haben.

Da kommts her, Butzin, sage ich, ihnen durch eine sumpfige Stelle entgegenstiefelnd. Da her zum Lecki!

Bald sind auch sie um einen, extra für sie reichlich besalzten, Stein versammelt und schaufeln gierig die begehrte Würze in sich hinein. Nicht mehr lange und alle werden sich hinlegen, auf irgendeinen warmen Kräuterpolster, und wiederkäuen, bis die Sterne auf sie herabscheinen.

Es herrscht vollkommene Eintracht. Von einer fernen Alm an der längst in kühle bläuliche Schatten getauchten Bergflanke gegenüber ist fernes Glockengebimmel zu vernehmen. Wie eine Botschaft klingt es: Friede auf Erden, wie bei uns herüben so überall, überall wo man guten Willens ist!

So guten Willens, wie es diese meine braven Rinder sind, mit ihren riesigen warmen Leibern, ihren unendlich sanften großen Augen und den rosigen unschuldigen Mäulern.

Genug der Romantik! Für mich wurde es nämlich Zeit zum Hinabsteigen, hinab zu meiner Hütte, bevor's dunkel wurde.

Ich schulterte den leeren Rucksack und stapfte heimwärts. Schon war ich im Schatten. Kühler wurde es und feuchter die Luft. Ein Murmelpfiff hin und wieder und das Singen einer späten Amsel. Konnte die steile Hangquerung abkürzen, direkt zum Talsteig hinab? Waten durch brusthohes Farngebüsch, an Erlen hinunterhanteln, balancieren über Geröll. Endlich fand ich mich auf einem Steig, freilich auch der halb zugewuchert. Doch bald, am Pucherboden, mündete er: in einen bequemen ausgetretenen Wanderweg. Nun ging es flott die Heide hinunter, bis zum Zaun. Dort überstieg ich das Holzgatter. Es ging wieder kräftig bergab durch den Wald. Ein paar Heidelbeeren verirrten sich in den Mund. Jetzt erreichte mein Wanderpfad den Fahrweg. Schon sah ich die Hütte, in Schatten getaucht, in blaue. Überm Schornstein zeigte sich kein Wölkchen Rauch.

Also ist René noch unterwegs, dachte ich, während ich mich der Brücke über den Wildbach näherte. Ohrenbetäubend rauschte nun der Wasserfall, ließ kühle Schleier herunterwehen. Schon müde zwar, beschleunigte ich doch den Schritt.

Bei der Hütte fand ich alles ruhig, einzig der Brunnen plätscherte wie eh und je. Die zwei jungen Rotschwänzchen im Nest unter dem Giebel kreischten aufgeregt. Sie wurden gerade gefüttert, zum letzten Mal wohl an diesem Tag. Ich holte den Hüttenschlüssel aus dem Versteck und sperrte auf.

Als Erstes machte ich Feuer. Warmes Wasser war noch vom Nachmittag da. Das war gut. Ich hatte nämlich noch Unmengen von Geschirr abzuspülen. Es war bereits dämmerig in der Stube. Draußen stand auch noch Geschirr, auf den Gästetischen. Was im Halbdunkel noch zu sehen war, trug ich herein. Hier brauchte ich bereits Licht, Petroleumlicht, beim Abspülen. Eine gute Stunde lang war ich damit beschäftigt. Endlich konnte ich die letzte Schüssel zum Abtropfen auf den Geschirrberg stürzen und mich hinsetzen, um eine zu rauchen.

Dann hörte ich René heimkommen. Die schweren Wanderschuhe zog er draußen im Flur aus. Ich hörte, wie er sie erschöpft einfach von sich schleuderte.

Na du hast es gemütlich hier, sagte er, als er die Stube betrat. Sitzt da faul in der Hütte rum und rauchst, während ich die anstrengendsten Touren unternehme!

Wo warst du denn?, sagte ich.

Bei deinen Kühen.

Ochsen, verbesserte ich, Ochsen, René.

Ochsen oder Kühe, ist doch egal, sagte er. Zurück bin ich dann den hinteren Weg gegangen, über den Hang mit den vielen Heidelbeeren.

Und hast für morgen welche gepflückt, freute ich mich.

Dafür war mir die Zeit zu schade, sagte er, meinen trockenen Materialismus mit einem verächtlichen Blick strafend. Ich habe meditiert dort. Der Platz hat eine besondere Ausstrahlung!

Gegessen habe ich natürlich schon ein paar, fügte er hinzu, als ich seine über und über blauen Hände bemerkte.

Dann rülpste er plötzlich laut, und kurz darauf furzte er.

Was gibt's zum Abendessen, fragte er.

Ich sagte: Kalt. Brot, Wurst, was halt in der Speis liegt.

Zu oft Brot ist nicht gesund, wandte René ein. Gerade auf solcher Höhe muss man öfter warm essen. Er rülpste wieder.

Ich saß schweigend im Halbdunkel.

Leider kenne ich mich mit deinem Ofen nicht aus, sagte er schließlich, sonst würde ich kochen.

Ich kochte also noch einmal, Erdäpfel mit geröstetem Speck und Ei.

Wir könnten gleich aus der Pfanne essen, schlug ich vor. René war angeekelt. Du weißt, ich bin ein Genauer, sagte er, ich brauche Reinheit und Sauberkeit. Ich deckte also Geschirr und Besteck auf, wie sich's gehört.

René hob seinen Teller zur Petroleumlampe hoch, drehte ihn nach allen Seiten. An der Unterseite ist er nicht ganz sauber, bemängelte er. Er ging zur Abwasch und spülte ihn noch einmal nach.

Wir aßen schweigend. Nachher spielten wir noch eine Weile Karten und tranken ein wenig. Dann wollte René schlafen. Auch ich war todmüde, musste aber noch warten: Vor mir belegte René eine halbe Stunde das „Badezimmer", welches – ein rarer Luxus in einer Almhütte – immerhin aus einem WC und einer Waschmuschel mit Fließwasser bestand. Währenddessen las ich ein paar weitere Seiten in seinem Yogabuch. Endlich hörte ich ihn raufstapfen. Rasch putzte auch ich die Zähne und ab ins Bett.

*

Zwei weitere Tage vergingen, die dem eben geschilderten ähnelten. Am Morgen des dritten Tages klopft es plötzlich an meiner Schlafzimmertür.

Was ist los, sage ich.

Wann gibt es Frühstück?, tönt es durch die Tür.

Später, sage ich.

Er steht auf einmal im Zimmer.

Was machst du?, sagt er. Er macht große Augen.

Kennst du das nicht?

Aber sicher, sagt er, die Uttana-Pada-Stellung! Machst du übrigens richtig. Ich wusste gar nicht, dass du auch …

Ja, sage ich, stör mich jetzt bitte nicht!

Er schaut mich eigenartig an und zieht sich zurück.

Nach einer Viertelstunde klopft es wieder.

Ich rühre mich nicht.

Durch den geöffneten Türspalt ist René zu vernehmen: Das Wetter ist schlecht heute. Unten in der Stube ist es eiskalt und ich kenn mich bei deinem Ofen nicht aus, könntest du …

Ich bin gerade bei der …

Garbasana-Stellung, ich weiß, ergänzt er.

Und die erfordert?, beginne ich.

Besondere Konzentration – schon gut – ich weiß. Er verschwindet wieder nach unten.

Nach einer Viertelstunde steht er wieder im Türspalt.

Es sind Gäste da, sagt er siegessicher, sie haben Frühstück bestellt. Ich habe ihnen gesagt, du kommst gleich. Wir können dann auch gleich früh-

Haben die das Schild vorm Eingang nicht gesehen, sage ich unwirsch.

Welches Schild?

Heute Ruhetag, sage ich. Und morgen und übermorgen übrigens auch. Ich sperre zu.

Ja und wovon willst du leben?

Ach weißt du, ich bin mittlerweile ganz deiner Meinung: Der ganze schnöde Materialismus hält einen nur von den wirklich wichtigen Dingen ab. Im Übrigen bin ich gerade bei der A-

Akarna Danurasana, ich weiß, ergänzt René.

Und dabei stört jede U-

Unterbrechung, ich weiß, sagt er. Wieder streift mich ein eigenartiger Blick, und er entfernt sich leise.

Nach einer halben Stunde steht er plötzlich erneut im Raum.

Du stö-

Ich weiß, ich störe – tut mir leid, sagt er zähneklappernd, aber mir geht das Feuer dauernd aus. Könntest du nicht – au! au!

Er jault vor Schmerz auf: Mein am Kopf stehender Körper hat leider das Gleichgewicht verloren und meine Füße sind ihm genau in den Bauch gefahren.

Du bist se-

Ich weiß, ich weiß ... ich bin selbst schuld, jammert er zusammengekrümmt und hält sich den Magen. Ich hätte ni-

Nicht stören sollen, genau, vollende ich, du müsstest doch wissen, dass man bei der Si-

Sirsasanam-Stellung absolute Konzentration braucht, weiß ich, weiß ich, aber ...

Aber was?, knurre ich.

Er sagt nichts und wimmert nur leise.

Aber du könntest, sage ich, während ich einen Einfall habe, wie er seine Scharte auswetzen könnte, du könntest, während ich mein Yoga fertig mache, in dem braunen Kasten unten den Gaskocher suchen, damit Kaffee machen und mir das Frühstück vor die Tür stellen. Du brauchst d-

Dann nur anzuklopfen, sagt er leise, du weißt dann schon Bescheid!

Exakt, sage ich. Und jetzt verz-

Ich geh ja schon, bin schon weg, murmelt er und verzieht sich.

Als er draußen ist, beginne ich noch kurz die Yomidi-Meditation.

Bald aber setze ich mich auf die Bettkante, die Beine lässig auf dem Sessel, und schaue zum Fenster raus.

Ich zünde mir eine Zigarette an und fühle mich so richtig gemütlich entspannt. Die Rotschwänzchen auf dem Dachsims zwitschern, der Brunnen gluckst und plätschert geschwätzig, die Wipfel der Lärchen wiegen sich sanft im Wind. Und sieh da! Sogar ein Eckchen Blau blinzelt über der Bärei hoffnungsfroh aus dem noch wolkenverhangenen Himmel.

Ein Wanderer mit Regenjacke und voll gepacktem Rucksack, den Schlafsack oben draufgeschnallt, öffnet gerade das Gatter meines Gartenzauns und entfernt sich raschen Schrittes talwärts.

Der Wanderer ist René.

Schade, denke ich. Er wird sicher auch sein für die Entspannung so nützliches Yogabuch mitgenommen haben.

DER KAUFHAUSERPRESSER

1.

Kralowetz ist ein armer Schriftsteller.

Oder sollte ich besser sagen Maler?

Nein, auch damit wäre Kralowetz nicht einverstanden.

Also Maler und Schriftsteller?

Ich sehe Kralowetz immer noch die Nase rümpfen.

Auch Philosoph, beeile ich mich hinzuzufügen.

Kralowetz ist schon fast zufrieden, aber ein kleiner Rest von Entrüstung steht immer noch in seinem Gesicht, trotz dieser dreifaltigen Titelherrlichkeit.

Nun bin ich langsam ratlos. Was denn nicht noch alles?

Ja, richtig! Erfunden hat er auch ein paar Sachen, so behauptet er zumindest, und einige wissenschaftliche Entdeckungen hat er auch gemacht. Was genau, vergesse ich von einem aufs andere Mal. Und ihn noch einmal – zum wievielten Mal? – danach zu fragen, das getraue ich mich nicht. Da würde Kralowetz – mit Recht – unwillig werden.

Ob er nun all dieser Berufsbezeichnungen, auf die er Wert legt, würdig ist – Erfinder, Maler, Poet, Philosoph –, darüber gehen die Meinungen stark auseinander.

Unbestritten ist hingegen, dass man das obgenannte Eigenschaftswort, nämlich „armer", seinen sämtlichen Berufstiteln mit Fug und Recht voranstellen kann.

Denn Kralowetz hat es, darüber besteht kaum Uneinigkeit, nicht verstanden, auch nur eine einzige seiner vielen Begabungen zu einer nennenswerten Erwerbsquelle zu machen. Obwohl Kralowetz recht sparsam lebt, kann er mit seinen vielseitigen Tätigkeiten oft nicht einmal die allernötigsten Ausgaben bestreiten.

Wie er dabei trotzdem immer wieder über die Runden kommt, ist nicht nur seinen Zeitgenossen, sondern, wie er behauptet, oft sogar ihm selbst unerklärlich. Geht man der Sache freilich genauer nach, so stößt man garantiert auf den einen oder anderen Wohltäter, der ihm gelegentlich diskret einen Zehner oder Zwanziger zusteckt, und auch eine kleine Beihilfe von Vater Staat weist Kralowetz nicht entrüstet zurück, wenn er sie kriegen kann. Das hängt er jedoch nicht an die große Glocke.

So bleibt ihm wenigstens ein künstlerischer Ruf unbestritten, der nämlich des Lebenskünstlers.

Kralowetz selbst hört diesen Titel allerdings nicht gar so gerne. Hinter der auf den ersten Blick schmeichelhaften Bezeichnung wittert er ein Quäntchen Spott und Verachtung.

Und da ist Kralowetz empfindlich.

Kralowetz ist nämlich im Grunde ein stolzer Mensch. Rasend stolz sogar.

Dass er genötigt ist, sich tagtäglich allerhand gefallen zu lassen, an Widrigkeiten und Zumutungen, die uns allen schon aus der allgemeinen Einrichtung der Welt heraus eben so widerfahren, das nimmt er murrend hin. Tiefer aber und spezieller wurmt ihn die Demütigung, dass so ein begabter Mensch wie er immer wieder, um nicht zu sagen ständig, auf die Barmherzigkeit, Großzügigkeit und Nachsicht anderer – womöglich viel fantasieloserer – Zeitgenossen angewiesen ist.

An den Genüssen dieser Welt kann er, Kralowetz, wenn überhaupt, immer nur als eine Art geduldeter Gast und Schnorrer teilhaben. So etwas wie eigene Ansprüche oder Rechte auf irgendetwas, das gibt es für ihn höchst selten.

Freilich – da gibt es die allgemeinen Menschenrechte, die in der Charta der Vereinten Nationen festgeschrieben sind. Oder die Staatsbürgerrechte seines Landes, die jedem taxfrei zugebilligt werden, sozusagen schon deswegen, weil man kein Hund, sondern ein Mensch ist.

Aber wie eben meistens auf der Welt, was so billig zu haben ist, nicht viel gilt, so sind auch diese allgemeinen Rechte in den seltensten Fällen mehr wert als das Papier, auf dem sie gedruckt sind.

Was daher oben mit den Ansprüchen und Rechten gemeint war, die Kralowetz so selten hat, so sind dies eher die leicht durchsetzbaren und allgemein anerkannten Rechte: Eigentumsrechte zum Beispiel, die ohne viel Umstände einfach zum Genuss oder Gebrauch eines Gegenstandes berechtigen, oder auch einer Dienstleistung.

Gelangt nun Kralowetz einmal wider alle Wahrscheinlichkeit in den Besitz eines solchen Eigentumsrechtes, so achtet er natürlich peinlich darauf, dass ihm ja kein Quäntchen davon abgezwackt wird. Da ist Kralowetz sehr empfindlich!

Nicht nur weil er sich Großzügigkeit in diesen Belangen schon materiell einfach nicht leisten kann. Nein, darüber hinaus und vor allem fühlt er sich in seiner Ehre gekränkt, zutiefst gekränkt, wenn man seine wohlbegründeten Ansprüche als Kunde oder Bürger nicht punktgenau und vollständig erfüllt. Er stürzt sich in solchen Fällen erbittert in einen Kampf um sein Recht, wobei aus zusammengepressten Zähnen sein Wahlspruch hervorzischt: Die brauchen nicht glauben, dass sie unsereinen wie Dreck behandeln können! Was er dabei mit „unsereinen" genau meint, ist wohl auch ihm selbst nicht ganz klar – vermutlich denkt er dabei recht weitherzig an die Erniedrigten und Beleidigten aller Spielarten, oder an alle armen Künstler, oder irgendetwas von der Art.

Dass Kralowetz gnadenlos ist, wenn er sich einmal in so einen Streit verbissen hat, das musste jedenfalls auch die große und mächtige C&A-Textilhandels-GesmbH eines Tages zu ihrem Erstaunen feststellen. Und damit sind wir schon mitten in unserer Geschichte.

Was hat, fragen sich nun diejenigen, die – wie ich – Kralowetz einigermaßen kennen, was hat Kralowetz mit C&A zu tun? Was hat Kralowetz überhaupt mit einem Bekleidungsgeschäft zu tun?

Jeder kennt Kralowetz nur in löchrigen abgetragenen Jeans, oben herum sein ewiges grünliches Hemd und die abgeschabte Lederjacke, die sich erfolgreich weigert, dem Betrachter ihre ursprüngliche Farbe zu verraten. Und gibt es doch einmal alle heiligen Zeiten ein „neues" Kleidungsstück an Kralowetz zu bewundern, so kann man wetten, dass ihm entweder irgendjemand etwas Ausgemustertes geschenkt oder sich sonst eine Gelegenheit geboten hat, beispielsweise seinen schäbigen Anorak kostenlos durch einen etwas weniger löchrigen zu ersetzen.

Was also hat Kralowetz ausgerechnet mit C&A zu tun?

Die möglicherweise vom Leser nun ins Spiel gebrachte Hypothese, bei C&A hätte Kralowetz vielleicht irgendwann gearbeitet, muss leider wegen extremer Unwahrscheinlichkeit sogleich wieder verworfen werden: Arbeit ist, wie man in Wien sagt, „nicht unbedingt seins".

Gott sei Dank tritt nun Frau Martha G. in unsere Geschichte ein, und wir hoffen, dass sie etwas Licht in das Rätsel bringt.

Frau Martha G. ist eine alleinstehende Dame von etwa sechzig Jahren. Ihre für unsere Geschichte relevanteste Eigenschaft ist die Fähigkeit, an Kralowetz' Stirn die Zeichen des verkannten Genies wahrzunehmen.

Völlig ohne Ironie bezeichnet sie Kralowetz, der die fünfzig bereits deutlich überschritten hat, als „junges Talent", und sie genießt es – gute Seele, die sie ist –, dem „jungen Talent" von Zeit zu Zeit eine kleine Freude zu machen.

Frau Martha G. ist also, obwohl sie selbst etliche Söhne und bereits siebzehn Enkel hat, eine von Kralowetz' Wohltäterinnen.

Das war bereits vor zehn Jahren genau so: Mal lud sie Kralowetz zum gemeinsamen Essen im Gasthaus oder zu einem gemeinsamen Theaterbesuch ein, mal schenkte sie ihm einen Schal, und alle paar Jahre kaufte sie ihm sogar ein Bild ab.

Und jedes Jahr zu Weihnachten, diese Sitte hatte sich seit geraumer Zeit eingebürgert, bekam Kralowetz ein wenig Geld geschenkt. Keine große Summe, aber doch einen keineswegs zu verachtenden Betrag.

Dabei konnte sie es sich nicht verkneifen, durch die Art und Weise dieser Geldzuwendung eine unausgesprochene erzieherische Wirkung auf ihren Schützling auszuüben: Ihrer Meinung nach vernachlässigte er nämlich sein Äußeres allzu sehr, und so erhielt er die jährliche Geldspende immer in Form von Gutscheinen des Bekleidungshauses C&A.

Wenn Sie, verehrte Leserin, verehrter Leser, jetzt glauben, es gelöst zu haben, das Rätsel um Kralowetz' Meinungsverschiedenheiten mit dem Konfektionshaus C&A, und wenn Sie glauben, mit Ihrer Vermutung richtig zu liegen, Kralowetz hätte hinter dem Rücken von Frau Martha die Gutscheine wieder in Geld umtauschen wollen, so muss ich Sie leider enttäuschen.

Zwar stimmt es, dass Kralowetz mit der Zumutung, Geld ausgerechnet für „G'wand" auszugeben, nie allzu glücklich war.

Zwar stimmt es, dass nach Weihnachten gewöhnlich etliche Monate verstrichen, ohne dass Kralowetz sich dazu aufraffen konnte, den lästigen Einkauf endlich hinter sich zu bringen.

Aber es stimmt auch, dass Frau Martha G. sich hin und wieder erkundigte, ob und was er sich denn in diesem Jahr von ihren Bons gekauft hätte. Dann ermahnte sie ihn, doch bald einkaufen zu gehen. Eindringlich erinnerte sie ihn an das Verfallsdatum der Gutscheine, das bereits ein Jahr nach deren Erwerb wirksam wurde.

Nach einem Dreivierteljahr vergeblichen Zuwartens und Mahnens wurde Frau Martha in der Regel nervös.

Sicher, es ging sie eigentlich nichts mehr an, aber sollte sie ihr gutes Geld für nichts ausgegeben haben? So „dick" hatte sie es auch wieder nicht, dass sie eine solche sinnlose Verschwendung nicht geschmerzt hätte.

Also griff Frau Martha, meist gegen Ende Oktober, zum äußersten Mittel: Sie stand eines Tages einfach vor seiner Tür und schleppte ihren Kleidermuffel höchstpersönlich zu C&A – ungeachtet seiner neuerlichen Ausreden, warum gerade heute ein ungünstiger Tag sei, oder dergleichen. Im Kaufhaus assistierte sie ihm in ihrer beispiellosen Langmut bei Auswahl und Anprobe – alles nur, damit ihre Gutscheine nicht verfielen. Und sie gab nicht eher Ruhe, als bis der letzte Bon ausgegeben war.

Kralowetz hatte also schon deshalb keine Chance, seine Gutscheine heimlich wieder zu Bargeld zu machen. Ganz ungeachtet der Tatsache, dass alle Kaufhäuser, um den Leuten ihre Geschenkgutscheine aufzuschwatzen, sich desselben argumentativen Einfallsreichtums bedienen, mit welchem sie später deren Rücktausch zu Bargeld verweigern. Mit geradezu abenteuerlich klingenden Begründungen, warum dieser so einfache Vorgang prinzipiell absolut undenkbar und daher keineswegs und auch bei bestem Willen einfach schlechthin nicht zu machen sei.

Aber der Grund von Kralowetz' Zores mit C&A war kein Gutschein-Rücktausch.

Der Ärger war ein ganz anderer, wenngleich ein mit Gutscheinen zusammenhängender: Kralowetz hatte in diesem Jahr seine Gutscheine schlicht und einfach weggeworfen. Sie haben recht gelesen: Einfach in den Mistkübel hatte er sie geworfen, in den Hausmüll.

Es war ein Missgeschick, das man jetzt genau erklären könnte, man könnte genau schildern, wie die Gutscheine verpackt gewesen waren, nämlich in einer kissenförmigen Geschenkpackung aus Cellophan, die auf den ersten Blick an eine Gratisprobe irgendeiner Hautcreme erinnerte, oder eines Antischuppen-Shampoos. Und man könnte erzählen, wie es zugegangen war, dass Kralowetz nach der Rückkehr vom alljährlichen Neujahrsbesuch bei seiner Mutter den Vorsatz fasste, das Jahr mit einer wenigstens halbwegs aufgeräumten Wohnung zu beginnen.

Und wie ihm beim Aufräumen das Missgeschick passiert war, sich nicht mehr an den wahren Inhalt des nunmehr vermeintlichen Werbemusters zu erinnern, und wie er infolgedessen das Päckchen mit den Gutscheinen in den Müllsack geworfen hatte. All dies ließe sich durch geschicktes Anführen aussagekräftiger Details in eine so plausible Reihenfolge bringen, dass es schließlich auch Ihnen, verehrte Leserin, verehrter Leser, als die folgerichtigste Sache der Welt erscheinen würde, dass Gutscheine weggeworfen werden. Aber ich würde Sie vermutlich damit langweilen.

Und daher beschränke ich mich auf die nackte Behauptung, dass Kralowetz schlampig war und die Gutscheine wegwarf.

Und der geneigte Leser wird sich damit begnügen. Weil ihm sein eigenes psychologisches Vorstellungsvermögen, nach allem bereits früher von Kralowetz Gesagten, eine detailreiche Schilderung der genauen Umstände entbehrlich macht: Kralowetz ist eben ein Chaot. Chaoten werfen eben wertvolle Gutscheine in den Müll. Chaoten haben schon viel wertvollere Dinge einfach in den Müll geworfen. Das bedarf keiner weiteren Erklärungen.

Weniger leicht verständlich, wenngleich ebenso bezeichnend für Kralowetz war hingegen seine Reaktion, als er den Verlust, erst Wochen später übrigens, bemerkte.

Wir an seiner Stelle hätten vielleicht ebenso wie er zuerst die Gutscheine überall in der Wohnung gesucht, wir hätten vielleicht ebenso wie er unsere Erinnerung in Gang gesetzt, um Hypothesen zum Verschwinden der Gutscheine zu überprüfen, und schlussendlich, sobald uns der Hergang klar geworden wäre und der Verlust gewiss, so hätten wir diesen lebhaft bedauert.

Genau an diesem Punkt aber gabeln sich die Reaktionen:

Wir, mit unserer durchschnittlichen Veranlagung, hätten vielleicht noch kurz nachgedacht, was wir ändern könnten, um solche Fehler in Hinkunft unwahrscheinlicher zu machen. Aber spätestens danach wären wir zur Tagesordnung übergegangen. Nie wäre uns eingefallen, die Endgültigkeit des Verlustes ernsthaft in Frage zu stellen. Weg ist eben weg.

Kralowetz hingegen tat genau dies.

Er konnte sich nicht damit abfinden.

Nicht dass er jetzt im Mist zu stierln anfing – der Müll vom Vormonat war natürlich unwiederbringlich weg. Nein – Kralowetz' Lösungsansätze waren zum einen Teil mehr theoretisch-wissenschaftlicher Natur, zum andern Teil aber recht emotional und kämpferisch.

Beginnen wir mit dem wissenschaftlichen Ansatz:

Firmen, die Gutscheine verkaufen, tun eigentlich nichts anderes, als sich beim Kunden Geld ausborgen, sagte Kralowetz sich mit messerscharfer Logik, die selbst einem Diplom-Volks- wirt Ehre gemacht hätte (schon wieder ein neuer ihm zustehender Titel!). Der Gutschein selbst ist nur ein an sich wertloser Wisch Papier, eine Art selbst erfundenes Privatgeld, auf dem das Unter- nehmen bestätigt, eine Summe wirklichen Geldes erhalten zu haben. Für eine Leistung, die noch gar nicht statt gefunden hat. Mit anderen Worten: Das Unternehmen hat beim Gutschein- käufer einen Kredit aufgenommen und ist ihm etwas schuldig.

Wenn man die Gutscheine in den Müll wirft, hat man sozu- sagen nicht die Schuld an sich, sondern nur den Beweis zerstört. Man kann die Firma dann freilich nicht mehr zwingen, den Kredit zurückzuzahlen.

Im Grunde läuft es eigentlich darauf hinaus, dass ich, ver- dammt noch mal, ich, der arme Kralowetz, oder von mir aus die Frau Martha, dem reichen C&A-Konzern Geld geschenkt haben!

Das schreit doch zum Himmel!

So wahr ich Kralowetz heiße: Dieses Geschenk hole ich mir wieder zurück! Das wäre doch gelacht. Ich hab schon verfahrenere Karren aus dem Dreck gezogen!

Kralowetz knirschte vor grimmiger Entschlossenheit mit den Zähnen.

Und verschob die Sache erst einmal.

Sie, verehrte Leserin, verehrter Leser, wissen, wie die Sache weiter- geht. Und Sie haben recht, wenigstens teilweise: Ja, Kralowetz verschob und verschob.

Aber er verschob nicht einfach so irgendwie, sondern er ver- schob sozusagen professionell – mit Konzept:

So etwas kann ich nur in psychischer Bestverfassung durch- boxen, sagte er laut zu sich, wann immer ihm die Gutschein- Sache in den Sinn kam. Wenn ich einmal besonders gut drauf bin, dann ist das genau das Richtige!

Es vergingen Tage, es vergingen Wochen, es vergingen Monate. Und Kralowetz verschob und verschob. Aber er verschob nur, er vergaß nicht.

Konnte er auch nicht.

Dafür sorgte schon Frau Martha G. Ihre Frage: Hast du übrigens die Gutscheine schon ausgegeben, war die unvermeidliche Coda jedes Telefongesprächs. Bei persönlichen Treffen konnte Kralowetz sich gewundene Ausreden sparen, nachdem ein kurzer Blick auf Kralowetz' Outfit Frau Martha hinreichend aufgeklärt hatte.

Wieder nicht, sagte sie streng statt einer Begrüßung, und Kralowetz wusste ohne weiteres Wort, was gemeint war.

Aber er konnte ihr doch nicht sagen, was er heuer mit den Gutscheinen aufgeführt hatte. Nach all dem Ärger, den sie ohnehin jedes Jahr mit ihm und den Gutscheinen hatte.

Die heurige Schlamperei hätte dem Fass endgültig die Krone ins Gesicht geschlagen! Da wäre sogar Marthas Geduldsfaden gerissen. Nie wieder hätte Martha ihm auch nur einen luckerten Heller mehr geschenkt, nicht einmal zum Essen hätte sie ihn mehr eingeladen, so viel war sicher.

So lebte Kralowetz denn in ständigem schlechten Gewissen. Er wartete auf seine Bestform, um das Problem endlich zu erledigen.

Er wartete und wartete, aber statt in seelische Höchstform zu kommen, wurde er von Woche zu Woche trübseliger, und es ist nicht ausgeschlossen, dass das Problem mit den verlorenen Gutscheinen die Hauptschuld daran trug: ein klassischer Circulus vitiosus – ein Teufelskreis …

2.

Eines Morgens wacht Kralowetz auf.

Was ist los, denkt er. Keine Müdigkeit. Kein Kopfweh. Kein Kater. Voller Energie fühlt er sich, von Tatendrang erfüllt, bereit zum Bäume-Ausreißen. Einfach so. Ohne besonderen Grund.

Mit einem Satz springt er aus dem Bett.

Im Nu ist er geduscht, frisch rasiert (zum ersten Mal seit vier Tagen), gekämmt (zum ersten Mal seit vier Wochen), und schon vor acht außer Haus (zum ersten Mal seit vier Monaten).

In der U-Bahn wippt er elastisch auf den Fußsohlen, im Takt zu der Melodie, die er leise vor sich hin summt. Dann, auf der Mariahilferstraße, voller Unternehmungslust dahineilend ohne eigentlich zu wissen, was er tun wird, kommt er vor dem C&A-Kaufhaus zum Stehen.

Und erst hier, in that very moment, wie der Burgenländer sagt, fällt es ihm ein: Richtig! Heute ist der Tag, an dem er sich stark genug fühlt, die Sache mit den Gutscheinen durchzuziehen.

Nichts wie rein also.

Kralowetz fährt mit der Rolltreppe hoch und findet den Kundendienst. Eine unscheinbar wirkende Verkäuferin, um die vierzig, fragt: Womit kann ich Ihnen helfen?

Ich möchte den Herrn Direktor sprechen, sagt Kralowetz.

Darf man wissen, worum es geht?, fragt die Verkäuferin.

Tja, die Sache ist etwas kompliziert, antwortet Kralowetz, ich könnte Ihnen das natürlich jetzt des Langen und Breiten erklären, und dann würden Sie mich doch zur Direktion schicken … Er merkt, dass er dabei ist, sie mit dieser Bemerkung noch ratloser zu machen. Nun gut, setzt er fort, ganz kurz: Ich habe Gutscheine geschenkt bekommen und sie in den Mist geworfen. Ich möchte sie ersetzt haben, und da Sie sicher nicht die Erlaubnis dazu haben, möchte ich gleich zur Direktion.

Die Verkäuferin kapiert: Das ist kein Fall für sie.

Ich rufe den Geschäftsleiter, sagt sie, einen Moment bitte!

Niemand braucht Kralowetz darüber aufzuklären, wer der elegant gekleidete dynamische Herr mit der strengen Stirnfalte ist, der da, nach etlichen Warteminuten, auf einmal zwischen den Kleiderständern auftaucht und sich stracks auf ihn zubewegt. Das kann nur der herbeigerufene Geschäftsführer sein.

Was gibt es? Der Jungmanager mit der Solarium-Glatze mustert kaum verhohlen das ungepflegte Erscheinungsbild seines Gegenübers und fegt ein paar unsichtbare Flusen vom eigenen todschicken Anzug.

Kralowetz merkt, jetzt ist es Zeit für vorbeugende Imagepflege, um nicht bereits an der ersten Firewall abgeschmettert zu werden.

Guten Tag, sagt er, Sie sind sicher der Filialleiter. Mein Name ist Kralowetz. Karl Kralowetz. Ich bin Journalist.

Der Manager hebt verunsichert die Brauen.

Und Künstler, sagt Kralowetz.

Das hätte er besser weglassen sollen: Noch einmal streift Kralowetz' abgewetzte Kleidung ein taxierender Blick, dann sausen in dem Geschäftsmann innerlich die Rollos runter. Kralowetz kann sein Anliegen nicht einmal halb vorbringen, denn schon nach den ersten Worten unterbricht ihn der sonnengebräunte Sales-Manager unwillig.

Da können wir nichts machen, sagt er sichtlich verärgert, wendet sich demonstrativ, noch im Stehen, dem Bildschirm hinter dem Kundendienstpult zu und tippt irgendetwas herum, während er barsch die Kundendienstdame fragt: Sind die Reservierungen gestern noch abgeholt worden?

Kralowetz kann sich schleichen, heißt das.

Nicht mit mir, denkt Kralowetz.

Pardon, sagt er, aber Sie haben mich ja nicht einmal aus...

Weil es sinnlos ist, bellt der stramme Filialleiter und hackt weiter auf den Computer ein, ohne Kralowetz eines Blickes zu würdigen.

Ich meinte, Sie haben mich nicht ausreden ...

Weil es keinen Zweck hat, zischt der Filialleiter, Frau Helga, wie sieht es aus, haben Sie schon ihre Urlaubsplanung? Er redet schon wieder mit der Kundendienstdame.

Pardon, sagt Kralowetz, Sie haben mich schon wieder nicht ausre...

Ich habe Ihnen schon erklärt, dass wir nichts machen ...

66

Das können Sie, unterbricht jetzt Kralowetz seinerseits, doch gar nicht beurteilen, wenn Sie mich nicht einmal zu Ende anhören! Die Sonnenbräune im Gesicht des Filialleiters bekommt einen Stich ins Rötliche. Immerhin, wenigstens wendet er jetzt den Blick zum ersten Mal voll auf seinen hartnäckigen „Kunden". An seinen Schläfen treten kabelartige Wülste hervor.

Weiil – eees – keii – nennn – SSSinnhatt!! Die Filialleiterstimme ist unnatürlich leise geworden.

Kralowetz weiß, dass er an einem kritischen Punkt angelangt ist. Nur jetzt nicht nachlassen! Er ist möglicherweise knapp davor, die Auster zu knacken.

Und ich behaupte, sagt er fest, seine Demutsattitüde völlig abstreifend, ich behaupte, das können Sie erst beurteilen, wenn Sie die ganze Geschichte angehört haben!

Spätestens nun ist die Sonnenbräune der Filialleiterglatze untergegangen in einem satten Kirschrot.

Aber Kralowetz darf weiterreden. Und er fängt die ganze verzwickte Geschichte weitschweifig zu erzählen an, von Beginn an, wie Martha ihm die Gutscheine geschenkt, wie er sie weggeworfen, et cetera et cetera, die ganze komplizierte Geschichte, die Sie, verehrte Leserin, verehrter Leser, nun schon so gut kennen. Kralowetz findet die Ausführlichkeit notwendig, um seinen Anspruch glaubhaft zu machen.

Doch schon nach wenigen Sätzen verliert der Filialleiter wieder die Geduld.

Schluss Schluss Schluss Schluss, sagt er gepresst, ich muss weiterarbeiten, es tut mir leid, ich habe schließlich auch noch etwas anderes zu tun. Ich kann in diesem Fall ganz hundertprozentig nichts für Sie tun. Auf Wiedersehen!

Dranbleiben, sagt sich Kralowetz. Jetzt zeigt sich der Unterschied zwischen einem Stümper und einem Meister. Ein Eitzerl noch und du bist durch.

Sie können nichts für mich tun? Gut, das sehe ich ein, sagt Kralowetz. Dann möchte ich bitte mit Ihrem Vorgesetzten sprechen, wenn es über Ihre Kompetenzen geht.

Die Kabel an den Schläfen des Geschäftsmannes verdicken sich neuerlich. Der Kerl erdreistet sich, ihn vor seinen Untergebenen wie einen Hampelmann der Direktion aussehen zu lassen!

Auch die Direktion kann nichts für Sie tun, sagt er hart.

Aber die Art, wie er es nicht wagt, einfach wegzugehen, und wie er indessen übertrieben energisch und offensichtlich sinnlos ein paar Zettel und dann wieder Kleiderbügel und Plastiktaschen einmal dahin und dann wieder dorthin schlichtet, und zwar auf der Kralowetz abgewandten Seite des U-förmigen Kundendienstpultes, all das sagt Kralowetz: Jetzt ist er endgültig angebohrt, jetzt hat die Klinge in den Schlitz eindringen können, den Schlitz zwischen den zusammengepressten Schalen der Auster. Drin war sie, jetzt musste alle Kraft eingesetzt werden, das Messer quer zu drehen, bis die Hebelkraft die Hälften auseinanderdrückt.

Das lassen Sie mal meine Sorge sein, antwortet Kralowetz kalt, ich ersuche Sie hiermit in aller Form, entweder jemand von der Direktion herbeizurufen, oder mir den Weg dorthin zu weisen.

Der Filialleiter, obschon inwendig kochend vor Wut, ist gelähmt, weil hin und her gerissen zwischen zwei Ängsten: Lässt er ihn zum Direktor, so droht Schelte, weil man den Kerl nicht abgewimmelt hat. Wimmelt man ihn aber barsch und definitiv ab – und anders geht diese Laus ja nicht –, so ist dem zuzutrauen, dass er sich schließlich doch auf anderem Weg Zugang zur Direktion verschafft – und das ist womöglich noch ärgerlicher.

Sie können die Telefonnummer haben, zischt der Filialleiter. Er schreibt so energisch, dass der Zettel zerreißt, worauf er einen neuen suchen muss.

Ja und seien Sie bitte so freundlich, trifft ihn da von hinten Kralowetz' sanfte Stimme, so freundlich und schreiben mir gleich auch Ihren werten Namen dazu, damit ich weiß, mit wem ich die Ehre hatte!

Da hört Kralowetz, wie auch der zweite Zettel sich dem charaktervollen Schreibgestus des Filialleiters verweigert, indem er zerreißt.

Schließlich aber hat Kralowetz Telefonnummer nebst Namen glücklich in Händen, und schon buchstabiert er laut: Herr Wie Wie Wiesel, stimmt das?

Schallbeck heißt er, antwortet die Kundendienstdame, denn der vermeintliche Herr Wiesel ist gerade im Begriff, auf Nimmerwiedersehen um die Ecke zu wieseln.

Herr Schallbeck, ruft Kralowetz laut hintennach, Herr Schallbeck!

Unter Aufbietung alleräußerster ihm zu Gebote stehender Selbstbeherrschung macht Schallbeck auf dem Absatz kehrt.

Was ist denn jetzt noch?

Da ich annehme, sagt Kralowetz geziert, dass die Direktion ohnehin hier im Hause ist, wäre ich Ihnen sehr verbunden, wenn ich nicht die zwei Stockwerke hinunterlaufen und irgendwo eine Telefonzelle suchen müsste. Sie wissen ja, wie das so ist: Hat man endlich eine gefunden, die nicht kaputt ist, dann stehen womöglich eine Menge Leute davor, die warten. Und wenn man endlich an der Reihe ist, dann ist womöglich der Anschluss besetzt, und kommt man endlich durch, dann muss man womöglich sein Anliegen Dutzende Male aufs Neue von vorne erzählen, weil man von Sekretärinnen im Kreis herumverbunden wird, à la Buchbinder Wanninger. Und selbst wenn alles optimal klappt, müsste ich am Ende doch wieder hierher, um mir die ersetzten Gutscheine abzuholen. Das alles wollen Sie mir doch, als treuem Stammkunden von C&A, sicher ersparen.

Daher wäre es ganz ausnehmend nett von Ihnen, wenn Sie mir gestatten wollten, gleich von diesem Telefon aus mit der Direktion zu telefonieren, womöglich während Ihrer geschätzten Anwesenheit.

Kralowetz erwartet jetzt keinen Widerstand mehr, denn schon während dieser Suada hat er das untrügliche Zeichen bemerkt: Herrn Schallbecks tiefrote Gesichtsfarbe ist einem blassen Grün gewichen: Die Auster ist tatsächlich geknackt. Die Tür zum nächst höheren Level ist frei.

Und wirklich: Binnen zwei Minuten, nach kurzem Telefonat, heißt es, Kralowetz soll von Frau Helga, der Kundendienstdame, Richtung Zentraldirektion geführt werden. Die öffnet eine Tür hinter dem Kundendienstpult, und sie steigen gemeinsam ein paar Stufen in einem dämmrigen Stiegenhaus hoch. Dann betreten sie einen schmalen Büroraum, und Frau Helga verabschiedet sich.

Eine Frau von etwa vierzig wendet sich ab von ihrem Bildschirm und erhebt sich. Freundlich reicht sie Kralowetz die Hand.

Nehmen Sie Platz, sagt sie, die Frau Magister Prammer kommt gleich aus der Direktion, ich bin nur die Chefsekretärin! Darf ich Ihnen eine Tasse Kaffee anbieten?

Kralowetz akzeptiert. Die nun mit ihm wartende Chefsekretärin sieht verständnisvoll und klug aus, und so fühlt Kralowetz sich ermutigt, ihr in der Zwischenzeit die am Telefon begonnene Geschichte weiterzuerzählen, sie auszuschmücken mit noch nicht erwähnten Details, welche alle dazu angetan sind, seine Ehrlichkeit und Glaubwürdigkeit hervorzustreichen. Auch vergisst er nicht zu erwähnen, welch langjährige und treue Stammkunden die C&A-Kette an ihm und Frau Martha habe. Und wie froh er wäre, wenn er Frau Martha die Enttäuschung ersparen könnte, welche sie unweigerlich erfassen würde, wenn sie erführe, wie er mit ihrem Geld umging. Und dass die C&A-Kaufhäuser ja nicht einen einzigen Groschen Schaden hätten, wenn sie seinem Wunsch nach Ersatz willführen, sondern dass sie ihm dabei eigentlich nur zu dem verhülfen, was ihm ohnedies rechtens zustünde, da ja Frau Martha den vollen Preis dafür bezahlt habe.

Kralowetz findet sich so freundlich und verständnisvoll angehört, ihm ist, als hätte er die Gutscheine schon fast in Händen. In vorauseilender Dankbarkeit empfindet er auf einmal das Bedürfnis, seinerseits seine fordernde Haltung zu mildern:

Ich habe natürlich keinen Beweis, denn diesen habe ich ja selber vernichtet, sagt er großmütig, und an dieser Dummheit bin natürlich ich allein schuld. Und deswegen bin ich selbstverständlich nicht im Geringsten böse, wenn Sie doch nichts machen könnten. Allerdings finde ich es großartig und wirklich äußerst korrekt, dass Sie mir aus der Patsche helfen wollen.

Sie wolle nichts versprechen, sagt die Chefsekretärin, die sich nun doch ein wenig von Kralowetz vereinnahmt fühlt (zudem sind am Gang schon die Schritte der Direktorin zu hören).

Frau Magister Prammer, die Direktorin, ist eine sehr hübsche junge Dame, selbstverständlich perfekt gestylt und schick angezogen. Aber sie verdankt, das merkt Kralowetz schnell, ihre Stellung sicher nicht in erster Linie ihrem einnehmenden Äußeren. Klug, höflich, redegewandt, hört sie bald Kralowetz zu, bald fragt sie gezielt nach Details, bald lächelt sie ihn freundlich an.

Eine völlig andere Welt, denkt Kralowetz, diese beiden gebildeten Damen – kein Vergleich mit dem Klotz von Filialleiter vorhin.

Doch Kralowetz wird unsanft aus seinen Träumen geholt.

Leider, sagt Frau Prammer – mit dem sympathischsten Lächeln. Und sie sagt es auf eine Art, die ohne schroff zu sein, doch völlig unbeeinflussbar klingt und entschieden. Leider könne auch die Direktion in diesem Fall, sosehr man Kralowetz' absolut glaubhaftes Missgeschick bedaure, nichts, absolut gar nichts tun.

Eine kalte Dusche aus heiterem Himmel?

Einen Moment lang zeigt Kralowetz Wirkung, doch dann antwortet er mit ebenso strahlendem Lächeln: Da bin ich nun doch etwas überrascht, wenn mir die Direktorin eines Unternehmens sagt, die Direktion kann nicht entgegenkommen, wohlgemerkt kann. Noch dazu in einer so kleinen Sache. Es geht um – wie ich meine, lächerliche – acht Gutscheine zu je zehn Euro!

Wer nicht kann, sagt Kralowetz, der hat notgedrungen jemand über sich, der kann! Ob der nun Direktor heißt oder wie auch immer. In aller Höflichkeit, Frau Magister Prammer, aber Sie wollen mir doch nicht im Ernst erzählen, dass so ein Unternehmen funktioniert ohne jemand, der auch mal von der Geschäftsroutine abweichende Entscheidungen treffen kann. Also wenn Sie nicht können, verehrte Frau Direktor, kommt Kralowetz freundlich, aber forsch zum Punkt, dann bitte ich Sie, mich an Ihren Chef weiterzuverweisen!

Ich bin zwar nicht die Direktorin, sondern die Direktionsassistentin, sagt Frau Prammer, aber das ändert ni...

Dacht ich mir's doch, sagt Kralowetz freundlich lachend, nicht böse sein, Frau Magister Prammer, aber da Sie selbst, wie Sie sagten, nichts tun können, und in der Annahme, dass ich in Ihnen bereits die Person vor mir habe, welche die Gesprächstermine Ihres Chefs einteilt, darf ich Sie auf der Stelle höflichst ersuchen, mich zum ehestmöglichen Termin für eine Vorsprache bei Ihrem sehr verehrten Herrn Direktor vorzumerken.

Ich wäre zwar, wie Sie richtig vermuten, zuständig, sagt die nette Direktionsassistentin, aber das geht trotzdem nicht! Ich kann leider gar nichts mehr für Sie tun.

Die Blicke der beiden kreuzen sich wie blitzende Florettklingen. Ein leichtes, sportliches Gefecht, das nie die Regeln der Höflichkeit überschreitet – das ist wahrlich was anderes als dieses primitive Gewürge mit dem unfreundlichen Filialleiter.

Und Sie sind, sagt Kralowetz, sein Gegenüber fest anschauend, Sie sind sicher, dass Sie diese Entscheidung auch dann noch optimal finden würden, wenn Sie zum Beispiel meine Erfahrung mit C&A in einer Zeitung veröffentlicht fänden, oder in einer Zeitschrift? Wie ich schon sagte, bin ich Künstler und Schriftsteller und schreibe gelegentlich auch Zeitungsartikel und Kurzgeschichten für Magazine. Ich könnte mir gut vorstellen, dass mich der Stoff reizt.

Jetzt widersprechen Sie sich aber selbst, mit Verlaub, mischt sich nun die Chefsekretärin ein, Sie sagten vorhin ausdrücklich, Sie wären nicht böse, falls wir Ihnen doch nicht helfen können, weil Sie einsehen, dass Sie selbst schuld sind!

Sie ist der Chefin pflichtschuldigst beigesprungen, denkt Kralowetz. Ein bisschen enttäuschend, bei einer so klugen Frau. Aber andererseits – der Job verlangt es wahrscheinlich ...

Stimmt. Das habe ich gesagt.

Und?

Da war ich eben ehrlich in der Stimmung, erklärt Kralowetz, mich nötigenfalls damit abzufinden. Irgendetwas hat meine Stimmung nun geändert. Vielleicht war es die Art, wie mein Anliegen abgewiesen wurde. – Missverstehen Sie mich nicht, Sie persönlich haben mich freundlich und höflich behandelt! Es war ein nettes und angenehmes Gespräch mit Ihnen. Doch im Kern der Sache bleiben Sie, so empfinde ich es, völlig verständnislos und unnachgiebig. Da scheue ich von meiner Seite keinen Aufwand, Sie von der Wahrheit meines Anspruches zu überzeugen, schildere minutiös alle Details, ich biete Ihnen sogar die Telefonnummer von Frau Martha an, wohl wissend, wie ungehalten sie auf mich wäre, wenn sie die Geschichte erführe.

Und das Resultat: Es interessiert Sie gar nicht, ob mein Anspruch glaubhaft ist. Sie zweifeln es gar nicht erst an. Denn das Einzige, was zählt, ist sowieso nur: Hat er einen Beweis? Kann er uns zwingen? Nein! Ergo kann er sich von hinnen schleichen.

Nicht unfreundlich, doch immerhin schon ein wenig in Hitze geraten, fährt Kralowetz fort: Sollte es vielleicht ein stimmiges Resultat sein, dass ich, der arme Kralowetz, dem Konzern ohne jede Gegenleistung achtzig Euro geschenkt habe?

Sie müssen zugeben, dass Sie selbst schuld sind, sagt die Direktionsassistentin Prammer, auch immer noch charmant und freundlich, und wenn Sie darüber schreiben wollen, müssen Sie das auch so darstellen ...

Falls ich überhaupt Lust habe, den Artikel zu machen, das ist ja noch lange nicht ausgemacht, dann werde ich selbstverständlich, versichert Kralowetz, selbstverständlich werde ich meinen Anteil nicht verschweigen. Seien Sie in diesem Punkt ganz beruhigt: Ich werde mich an die Fakten halten, auch dort, wo sie gegen mich sprechen. Und der C&A-Konzern wird gar nicht so schlecht wegkommen in meiner Geschichte – und vor allem Sie beide waren korrekt, charmant, was immer.

Wenn C&A aber auf das Image eines modernen dynamischen Konfektions-Unternehmens Wert legt, eines Unternehmens, das auch ein Herz hat für die kleinen Leute, die ja den Großteil seines

Kundenstockes ausmachen, dann kann ich Ihnen nicht versprechen, ob meine Geschichte, immer vorausgesetzt sie wird geschrieben, zu einem solchen Image etwas Gutes beitragen kann. Mögen Sie sich dem Buchstaben nach hundertmal korrekt verhalten haben, das untrügliche Gefühl der Menschen wird vielleicht einen leichten Mief von Knickerigkeit und Engherzigkeit dahinter riechen.

Für den Fall aber, setzt Kralowetz zum Schlussakkord an, dass Sie Ihre Meinung doch noch überdenken möchten, gebe ich Ihnen hier meine Visitenkarte und wünsche Ihnen beiden noch einen guten Tag!

Er überreicht die Karte, zieht galant die Kappe und steuert zur Tür.

Wäre er nicht beim Hinausgehen über seine eigenen Füße gestolpert, es wäre ein unnachahmlich eleganter Abgang gewesen. Aber nun, so allein auf dem schmucklosen Hintertreppen-Korridor, bleibt von Kralowetz' rein auf Rhetorik gegründeter Eleganz nicht mehr viel mehr übrig. Er rappelt sich hoch, klopft den Staub von seinen löchrigen Jeans und hebt das verschwitzte und dreckige Kapperl vom Boden auf.

Dann sieht er an sich hinunter: Alles schäbig, abgerissen. Von den zerschlissenen Sandalen über die Jeans bis zum ausgefransten, verwaschenen T-Shirt, nicht zu reden von dem äußerst unansehnlichen verschwitzten Bank-Austria-Käppchen, welches für sich allein schon ausgereicht hätte, aus einem noch so wohlgekleideten Herrn eine dubiose Figur zu machen.

3.

Sehr geehrter Herr Kralowetz, so begann der Brief, der nach etlichen Wochen unserem Lebenskünstler ins Haus flatterte.

Hastig las Kralowetz weiter:

Wie wir feststellen, haben Sie Ihre Ankündigung wahr gemacht, Ihre „Sache mit den Gutscheinen" in einer Geschichte festzuhalten.

Wir haben sie, gleich nachdem sie uns von Ihnen zugeschickt wurde, aufmerksam gelesen, angefangen von der Schilderung ihrer persönlichen Lebensumstände sowie der uns besonders beeindruckenden Persönlichkeit Frau Marthas bis zum Verlust der Gutscheine und Ihrem Besuch bei unserem Kundendienst. (Es war übrigens ganz unnötig, die Geschichte als eingeschriebenen Brief zu schicken sowie eine Kopie davon an unsere Europazentrale in Frankfurt zu senden, ebenso wie uns ein Ultimatum zu stellen für unsere Antwort – wir hätten ganz sicher ohnedies rasch geantwortet.)

Nach Lektüre Ihrer Erzählung sehen wir zwar keinen Anlass, einen messbaren Imageschaden zu erwarten, selbst wenn Sie die Geschichte, mit namentlicher Nennung unseres Unternehmens, in einer großen Zeitung unterbringen. (Andernfalls hätte sich, das können Sie uns glauben, unsere Rechtsabteilung höchst wirksam zu wehren gewusst.)

Trotzdem hat sich die Unternehmensleitung dazu entschlossen, Ihnen auf dem Kulanzwege Gutscheine im Wert von achtzig

Euro zu schenken, wenn Sie sich im Gegenzug verpflichten, den Namen C&A auszutauschen im Fall einer Veröffentlichung – von der sie ja wohl doch nicht lassen können.

Selbst wir finden, einmal abgesehen von unserer Involvierung, dass die Geschichte zu gut erzählt ist, um sie in einer Schublade verstauben zu lassen.

Um „Ihre" Gutscheine in Empfang zu nehmen (bitte nicht wieder in den Mistkübel werfen!), finden Sie sich bitte, wenn möglich im Lauf der nächsten Woche, im Direktionsbüro unserer Wiener Verwaltungszentrale in der Mariahilferstraße ein.

Mit besten Grüßen

Dipl. Kfm. Heinrich Donnagel
Prokurist

Schon am Montag der darauf folgenden Woche wurde Kralowetz bei Prokurist Donnagel vorstellig, wo er nach Unterzeichnung der geforderten Erklärung, den Namen C&A zu ersetzen, die Gutscheine erhielt. Wieder verpackt in einem Cellophankissen. Kralowetz öffnete es, zählte acht Gutscheine zu je zehn Euro – und bedankte sich glücklich.

Ich hätte noch zusätzliche, begann Prokurist Donnagel, ich hätte noch zusätzliche achtzig Euro für Sie!

Kralowetz, schon in der Tür, drehte sich neugierig um. Nochmals achtzig?

In bar, sagte der Prokurist.

Kralowetz hob die Brauen. Wenn?

Wenn Sie den Namen C&A nicht gegen irgendeinen austauschen.

Nicht austauschen?

Austauschen wohl. Aber nicht gegen irgendeinen.

Sondern gegen?

Sondern ... – der Geschäftsmann zögerte – das bleibt aber unter uns, verstehen wir uns?

Selbstverständlich, versicherte Kralowetz bereitwillig. Er schloss die Tür und kehrte zu Donnagels Schreibtisch zurück. Selbstverständlich. Bleibt unter uns. Sagen Sie schon: Wogegen soll ich den Namen C&A vertauschen?

Wie wär's mit H&M, kicherte Donnagel verlegen.

Alle Achtung!, dachte Kralowetz, der ist nicht dumm. H&M, die Konkurrenz gleich da neben ihm auf der Mariahilferstraße.

Mach ich, aber klar doch! Unterschreib ich doch glatt sofort.

Wo denken Sie hin, sagte Donnagel, nichts Schriftliches! Mündliche Abmachung, das Geld kriegen Sie sofort nach der Veröffentlichung.

Vergessen Sie's, sagte Kralowetz, insgeheim bedenkend, wie äußerst selten die Redaktionen seine Geschichten abdruckten, darauf lass ich mich nicht ein! Wenn's keine schriftliche Abmachung gibt, zahlen Sie entweder jetzt gleich, oder wir vergessen es.

Prokurist Diplomkaufmann Heinrich Donnagel rieb sich das Kinn. Dann rückte er seine Brille zurecht und fixierte Kralowetz.

Und Sie versprechen ehrenwörtlich, den Namenstausch vorzunehmen?

Mein Ehrenwort!

Donnagel telefonierte kurz.

Sofort kam die Chefsekretärin mit der Portokasse herein.

Kralowetz verstaute zufrieden achtzig Euro in seinem Portemonnaie.

*

Na und? Hast du die Gutscheine?, tönt es Kralowetz entgegen, als er kurz danach das Wirtshaus „Zur Zukunft" betritt. Seine Stammtischfreunde vom „Schollenclub" sitzen seit Stunden und warten auf ihn.

Hat er bezahlt? Hast du die Gutscheine?

Kralowetz' Miene verrät absolut nichts. Umständlich zieht er erst den Rock aus und hängt ihn und die Kappe an die Garderobe.

Sag schon! Wie ist es ausgegangen?

Als Kralowetz statt einer Antwort gleich einmal eine Runde ausgibt, wissen sie ungefähr Bescheid. Gespannt lauschen sie anschließend seinem Bericht und freuen sich genauso wie er.

Ich hätte ehrlich gesagt nicht daran geglaubt, gesteht Bahr.

Rainer, Zeitstein, Schreibi, Alfare und Petrus Fischer beteuern hingegen, sie hätten es immer gewusst.

Es lebe die Kaufhauserpresserliteratur!, singen sie, erheben sich dabei und stoßen kräftig mit ihren Krügen an. Anschließend wird im Stehen die Hymne des Schollenclubs abgesungen: O Scholle mio ...

Der Kellner blickt etwas besorgt auf die übermütige Runde. Sein Einschreiten erübrigt sich jedoch: Mehr als die erste Strophe kennt ohnehin keiner der Herren, und alle nehmen wieder Platz. Man isst statutengemäß Scholle mit Kartoffelsalat, und es wird kräftig dem Biere zugesprochen und viel gelacht. Überhaupt nachdem Kralowetz die achtzig Euro spendiert, die er zusätzlich in bar erhalten hat. Für den versprochenen Namenstausch. Da kennt der Jubel keine Grenzen mehr – und es wird noch ein langer und lustiger Abend.

Zu Hause, tags darauf und noch leicht verkatert, fährt Kralowetz seinen uralten Computer hoch, ein ausrangiertes Gerät seines Freundes Chris.

Er hat nämlich noch ein Kapitelchen anzufügen, an seine C&A-Geschichte – oder H&M-Geschichte.

Welches Kapitel?

Nun, das was er gestern erlebt hat, mit Prokurist Donnagel – die Sache mit den zusätzlichen achtzig Euro. Das ist doch, verdammt noch mal, auch höchst erzählenswert und gehört doch nun auch zur Geschichte. Und muss deshalb sofort aufgeschrieben werden.

Und auch da, bei diesem hinzugefügten Kapitelchen – das darf Kralowetz fein ja nicht vergessen – da müssen natürlich auch die Firmennamen vertauscht verwendet werden.

Als er mit allem fertig ist, streicht er sich zufrieden das Kinn und liest die ganze Geschichte, vom Anfang bis zum Schluss, noch einmal durch.

Passt, sagt er. Das kann man unterschreiben.

Er schreibt sein Autoren-Pseudonym darunter:

Wolfgang Glechner, Wien

4.

Wenn Sie, liebe Leserin, lieber Leser, nun gut mitgedacht haben, und wenn Sie außerdem zu der neugierigen Sorte Leser gehören, zu der Sorte, die sich auch mal in knifflige Rätsel verbeißt – oder sogar eine Vorliebe hat für richtiggehend heillos verwinkelte Labyrinthe und unentwirrbar vehedderte Ariadnefäden, dann werden Sie mir vielleicht jetzt, am Schluss der Geschichte, eine Frage stellen wollen:

Ist die Geschichte, so werden Sie fragen, ist die Geschichte, so wie sie hier steht, ist das jetzt schon die Version mit den vertauschten Namen gewesen, oder die ursprüngliche? Anders gefragt: Ist das Ganze jetzt bei C&A passiert, oder bei H&M?

Und weiters: Heißt der Erzähler nun in Wahrheit Kralowetz oder Glechner? Oder sind beide ein und derselbe? Und wenn, welchen von beiden gibt's wirklich und wen nur in der Geschichte?

Nun ist zwar Kralowetz – zumindest in der ersten Frage – durch Ehrenwort, wie Sie sich gnädigst erinnern wollen, zu schriftlicher Diskretion verpflichtet, aber ich als Erzähler bin jederzeit gerne bereit, Ihnen die gewünschten Auskünfte mündlich zu erteilen.

Gegen ein bescheidenes, gleich im Voraus zu entrichtendes Entgelt, versteht sich, von – sagen wir mal: achtzig Euro.

Meine Kontonummer bei der Bank Austria-Creditanstalt ist zehn einundsiebzig einunddreißig dreiundsechzig dreihundert. Die stimmt, und ich hab sie ganz sicher nicht mit der von C&A vertauscht. Schön dumm wär ich.

DER SCHWER ERZIEHBARE
KLEIDERKASTEN DES DR. FREUD
eine Silvestergeschichte

Eigentlich müsste man die Geschichte gar nicht erzählen.

Wir kennen ihn doch ohnehin, unseren Günther. Schon wenn er den Mund aufmacht, nein, was sage ich, schon wenn er zur Tür reinkommt und in seinem tänzelnden Gang zur Bar steuert, schon da weiß man es: Keine fünf Minuten wird es dauern, bis er – was rede ich – nicht mal eine halbe Minute wird es dauern, bis – was rede ich denn daher? Er hält es ja keine zehn Sekunden aus, bis er sich – na, wer sagt's denn! Eben hat er sein Bier bekommen, einen ersten Schluck getan, und schon trommelt er mit beiden Zeigefingern einen nervösen Rhythmus auf den Tresen – für jeden Günther-Kenner das absolut untrügliche Zeichen: Wetten dass er jetzt aufsteht und sich an unseren Tisch setzt und dann sagt: Da hab ich heute eine interessante Geschichte gehört!

Na, was hab ich prophezeit? Schon rutscht er vom Barhocker, schlendert wie halb zufällig zu unserem Tisch und setzt sich einfach zu uns.

Hallo Günther, sagen wir.

Und er: Hallo.

Draußen hört man einen Silvesterkracher, obwohl heute erst der Achtundzwanzigste ist.

Und dann geht's los: Apropos, da hab ich heute eine interessante Geschichte gehört, sagt Günther.

Einer von uns: Im Internet, stimmt's?

Natürlich, du Hirsch, glaubst ich hab Zeit, draußen herumzulaufen, wenn ich vor lauter Arbeit nicht aus und ein weiß?

Ich mein ja nur.

Meinen heißt nix wissen, sagt Günther.

Und nun erzählt er uns, was er heute im Internet Neues erfahren hat. Es dauert etwa eine halbe bis Dreiviertelstunde – dann haben wir den Großteil seiner heutigen History im Groben durch. Von

www.weißtdesallerneuestenoch.net über www.sportlangeweile.
komm bis zu www.intressiertmichnicht.at. Etliches muss aber
doch anschließend noch mal im Detail erklärt werden: Heute sind
es zu Anfang einmal die Auswirkungen der jüngsten Wirtschafts-
entwicklung in Indochina auf den Streik kanadischer Holzfäller,
dann die Zusammenhänge des internationalen Ölmarktes mit
boomenden Immobilienpreisen, einem hohen Zinsniveau und
sinkender Nachfrage nach Bananen und Kaffee. Ferner die allgemeine wirtschaftliche Weltlage samt Prognose für die nächsten
zwanzig bis dreißig Jahre.

Bei alledem legt Herr Günther peinlich Wert darauf, dass alle
seine Darlegungen einzig und allein vom Geist nüchterner rationaler Analyse durchdrungen sind. Meinungen, Gefühle und Vorurteile haben in seinem Denken und Reden keinen Platz, sagt er,
absolut keinen.

Und glauben schon gar nicht, sagt er. Weil glauben heißt nix
wissen.

Wir nicken, weil bei den Börsenkursen kennt sich eigentlich
keiner von uns aus, jedenfalls nicht so gut wie der Herr Günther.

Hierauf folgen wir ihm mehr oder weniger freiwillig auf das weite
Gebiet der Philosophie. Auch hier lernen wir täglich Neues. Diesmal dürfen wir staunend erfahren, dass gleichzeitig mit Immanuel
Kant in China ein chinesischer Kant gelebt hat, der sich mit genau
denselben Problemen beschäftigt hat wie der unsrige, der Immanuel. Und der chinesische Kant ist, behauptet der Günther, der ist
seltsamerweise auch zu ganz ähnlichen Lösungen gekommen wie
unser original Königsberger Kant.

Sogar eine chinesische Variante des kategorischen Imperativs
soll der chinesische Kant formuliert haben, man möcht's nicht
glauben.

Überhaupt haben die Chinesen fast alles vor uns erfunden,
nicht nur das Schießpulver. Die Taoisten zum Beispiel, sagt
Günther, haben den Wittgenstein und überhaupt den ganzen
Ansatz der sprachanalytischen Philosophie inklusive Konstrukti-

vismus schon vor tausend Jahren vorweggenommen, was die halbe Philosophie der Gegenwart nachträglich ungefähr so aktuell macht wie wenn einer heute den Staubsauger erfindet. Und weil's gleich in einem Aufwaschen geht, macht der Günther einen kühnen Exkurs in die Physik und nimmt dabei die Heisenberg'sche Unschärferelation mit rein in die philosophische Betrachtung und verknüpft sie gleich mit seinen grundsätzlichen Theoremen über erkenntnistheoretische Unmöglichkeiten und Chaostheorie und Wahrscheinlichkeitsrechnung. Unterm Strich kommt heraus, dass alle Naturwissenschaften auf der gesamten westlichen Hemisphäre auf völlig überholten Annahmen aufgebaut sind, weil sie die neuesten Erkenntnisse der Astrologie und der Parapsychologie nicht berücksichtigen.

Bei alledem legt Herr Günther peinlich Wert darauf, dass alle seine Darlegungen einzig und allein vom Geist nüchterner rationaler Analyse durchdrungen sind. Meinungen, Gefühle und Vorurteile haben in seinem Denken und Reden keinen Platz, sagt er, absolut keinen.

Und glauben schon gar nicht, sagt er. Weil glauben heißt nix wissen.

Wir trauen uns nicht zu widersprechen und sagen nix oder ja. Weil vom chinesischen Kant haben wir leider noch nie was gehört, und von der Heisenberg'schen Unschärferelation haben wir, oder ich zumindest, nur eine recht unscharfe Vorstellung. So ähnlich ist es auch mit den Taoisten, dem Wittgenstein und der Wahrscheinlichkeitsrechnung. Einzig von der Chaostheorie hab ich eine ziemlich klare Vorstellung: Weil da brauch ich nur meine Wohnung anschauen.

Aber der Günther ist schon wieder beim nächsten Generalthema: der Psychologie.

Weil wir aber schon ein bisschen ausgelaugt ausschauen, ausgelaugt von so viel nüchterner Wissenschaftlichkeit und trockener Grundlagenforschung, deshalb gönnt uns der Günther zur Auflockerung eine Geschichte, von der er gehört hat.

Im Internet?, frag ich.

Ja natürlich, du Hirsch, wo denn sonst? Glaubst ich hab Zeit, draußen herumzurennen, wo ich vor lauter Arbeit nicht weiß, wo mir der Kopf steht?

Damit wir aber nicht des geistigen Rüstzeugs ermangeln, welches zum Verständnis seiner Geschichte erforderlich ist, schickt der Günther gleich noch eine allgemeine Einleitung voraus.

*

Sigmund Freud, sagt er, war ja bekanntlich ein ziemlicher Materialist. Ich mein jetzt im philosophischen Sinn, beeilt sich Günther hinzuzufügen.

Wir schauen ihn groß an.

Das heißt, sagt Günther, das heißt, er wollte halt alles auf die Naturgesetze oder wenigstens logische Ursachen zurückführen. Phänomene, die mit einer solchen streng kausalen Logik nicht in Verbindung zu bringen waren, die gab es für den guten Sigmund einfach nicht. Oder er tat sie einfach als Zufall ab und beschäftigte sich nicht weiter damit.

Und eben in diesem Zusammenhang gibt es diese Geschichte vom C. G. Jung, wie er beim Freud auf Besuch war. Und die möchte ich euch jetzt erzählen, wenn's recht ist.

Aber bitte, sagen wir, gern.

Na denn, sagt der Günther, also, da sitzen einmal der Freud und der Jung beisammen in der Stube und tratschen. Und mitten während ihrer Unterhaltung soll der Jung, sagt der Günther, erzählt haben, sagt der Günther, oder sogar irgendwo aufgeschrieben, also mitten während dem Reden, da hat auf einmal der Kleiderkasten einen lauten Kracher gemacht.

Günther macht eine Kunstpause. Aber der Vorfall hat auf uns keinen großen Eindruck gemacht.

Na und, weiter, sag ich, und zünde mir einen Tschick an.

Na und weiter!, sagt Günther gereizt. Findet ihr das vielleicht normal, dass ein Kleiderkasten plötzlich einen lauten Kracher macht?

Na ja, sagt der Helmerl, wird halt einer angerempelt sein, unabsichtlich. Wir nicken.

Wird wohl einer angerempelt sein?, schreit Günther, ich glaub, ihr seids ein bisschen angerempelt! Glaubts ihr, der C. G. Jung hätt die Geschichte erwähnenswert gefunden, wenn er oder der Freud am Kasten angerempelt wär?

Na ja, kann ja auch wer anderer gewesen sein.

Wer anderer, wer anderer, wenn ich eh erzähl, der Sigmund Freud und der C. G. Jung unterhalten sich miteinander, sonst niemand.

Dann sag halt schon, warum hat er denn sonst gerumpelt, der Kasten?

Ich hab nicht gesagt, er hat gerumpelt, sondern einen lauten Kracher hat er gemacht.

Na und, wieso hat er denn einen lauten Kracher gemacht?

Ja, das ist es eben, kapierts ihr Deppen denn das nicht? Das ist ja das Besondere an der Geschichte!

Was?

Na, dass der Kasten einfach so gerumpelt hat.

Jetzt hast du selber gerumpelt gesagt, sagt Gerald.

Das ist doch egal, gerumpelt oder gekracht.

Das hab ich ja vorhin schon gemeint, dass das Powidl ist. Du hast ja darauf bestanden, dass er nicht gerumpelt, sondern einen lauten Kracher gemacht hat.

Hat er auch, sagt Günther händeringend, aber auf den Unterschied kommt's doch jetzt nicht an, ihr i-Tüpferl-Reiter. Wichtig ist, dass der Kasten einfach so gekracht hat.

Was meinst du mit einfach so?

Na ja, ohne Ursache.

Du meinst, ohne eine leicht erkennbare Ursache.

Nein, du Hirsch, ich mein natürlich ohne irgendeine Ursache.

Ohne irgendeine Ursache? Aber irgendeine Ursache muss es ja gegeben haben. Noch dazu, wenn er so laut gekracht hat, der Kasten. Bei einem leisen Kracher, da könnte man noch drüber diskutieren, ob da vielleicht wirklich die Ursache gefehlt hat, aber bei …

Verdammt noch mal, könnt ihr Trotteln endlich zur Kenntnis nehmen, dass der Kasten ohne, vollständig ohne irgendeinen Grund gekracht hat? Da war einfach nichts, gar nichts!

Auch nicht der Unterschied zwischen einem Beamten und Holz?

Was soll das jetzt bitte?

Na, kennst du den Unterschied nicht zwischen einem Beamten und Holz?

Keine Ahnung, antwortet Günther unwillig.

Na, Holz arbeitet.

Die andern lachen und Gerald sagt: Und das wird wahrscheinlich auch der Grund für den lauten Kracher gewesen sein. Ganz klar. Jetzt ist mir alles klar. Sehr gut, Helmerl! Natürlich, das Holz des Kastens hat gearbeitet, hat sich verzogen, der Rahmen hat sich verspannt, und wenn die Spannung einen bestimmten Grad überschreitet, dann gibt irgendwas plötzlich nach …

Aber klar doch, freilich, unterbricht Günther bitter, und das hat dann natürlich den lauten Kracher verursacht! Mein Gott, seid ihr primitiv! Natürlich kann sich Holz verziehen und dabei knackende Geräusche machen – aber glaubt ihr denn im Ernst, der Begründer der Analytischen Psychologie Dr. Dr. Carl Gustav Jung war so blöd und hat sich nicht vergewissert, dass so etwas Banales auszuschließen ist, bevor er den Vorfall als außergewöhnliches Phänomen in die Literatur aufnimmt? Ihr seid ja alle so siebengescheit, ihr Vollkoffer!, schreit uns Günther an. Am besten man erzählt euch gar nichts mehr, ihr seid sowieso zu dumm für kompliziertere Sachen. Schade. Das eigentlich bemerkenswerte an der Geschichte wäre nämlich erst jetzt gekommen.

*

Wir schweigen betroffen. Vielleicht sind wir wirklich zu skeptisch gewesen. Und Günther hat ja recht: Wer sind wir drei schon gegen den C. G. Jung, und vor allem gegen den hoch gebildeten Günther?

Außerdem sind wir neugierig, wie die Geschichte mit dem krachenden Kasten weitergeht.

Aber Günther steht samt seinem Bier auf, trinkt am Tresen weiter, raucht hastig eine Zigarette und bestellt sich ein neues Krügerl.

Günther, erzähl doch weiter, sagen wir endlich. Es klingt wie ein Versprechen, keine zweiflerischen Einwände mehr vorzubringen. Er wirft uns, über die Schulter, einen prüfenden Blick zu, ob wir es auch wirklich ernst meinen.

Dann setzt er sich wieder zu uns. Während er sich langsam eine extra dünne Samson dreht, fängt er zögernd erneut zu erzählen an:

Also passt auf, sagt Günther feierlich. Dann leckt er das Zigarettenpapier ab, und während er mit geschickter Hand die Zigarette fertig dreht, sagt er wieder, passt auf, sagt er, wie also da der Kasten, ich hab euch die Geschichte grad erzählt, wie also der gekracht hat in dem Zimmer, da ist in dem Moment im C. G. Jung sofort so ein Gefühl entstanden, dass es bestimmt gleich noch einmal krachen wird. Und was glaubt ihr ist gleich darauf passiert?

Es hat noch einmal gekracht, sagen wir.

Genau so war's, bestätigt Günther, es hat wirklich und tatsächlich noch einmal gekracht.

Helmerl hält sich die Nase zu. Pfui, sagt er leise.

Um meinen Lachanfall im Keim zu erwürgen, frage ich scheinheilig: Was, sage ich, noch einmal gekracht hat er? Ich mein natürlich der Kasten. Wirklich noch einmal?

Und weil auch die beiden anderen schon ganz rot sind vor unterdrückter Lachlust, muss ich gleich weiterreden.

Aber dieses Mal wird er doch einen Grund gehabt haben, der Kasten?, sage ich. Einmal grundlos krachen, das mag ja noch angehen, aber gleich zweimal hintereinander?

Wieso soll er beim zweiten Mal auf einmal nicht mehr grundlos krachen können? Wollen wir die ganze Diskussion jetzt noch einmal von vorn anfangen?, sagt Günther, schon wieder etwas gereizt. Selbstverständlich war es wieder ohne Grund, du Idiot, würde ich denn die Geschichte sonst erzählen?

Etwas ruhiger fährt er fort: Aber das eigentlich Bemerkenswerte bei diesem zweiten Kracher ist ja, sagt er, dass der C. G. Jung ihn vorausgesehen hat.

Das ist wirklich bemerkenswert, sagt Gerald. Ich kann nämlich einen Kracher nicht einmal sehen, wenn er grad im Moment kracht. Geschweige denn voraus sehen.

Aber voraus riechen kann man einen Kracher öfters, sagt Helmerl.

Endlich dürfen wir laut lachen. Wir hätten es ohnehin nicht mehr lange ausgehalten.

Herrgottnochmal, seid ihr deppert, sagt Günther, als das Lachen abebbt, natürlich kann man einen Kracher nicht sehen. Mit „voraussehen" meinte ich natürlich „voraussagen", also dass er ihn vorausgesagt hat.

Ach so, vorausgesagt. Das ist natürlich was anderes. Er hat also, wenn wir dich richtig verstanden haben, er hat also dem Freud gesagt: Pass auf, Sigmund, gleich wird's noch mal krachen! Oder so ähnlich?

Falsch! Da wollt ich ja grad weitererzählen: Er hat es zwar vorhergesagt, der Jung, dass es noch mal krachen wird – mithilfe des Kollektiven Unbewussten konnte er das –, aber er hat es nur innerlich vorhergesagt. Dem Sigmund Freud gegenüber hat er es nicht erwähnt.

Warum denn nicht?

Na, stellt euch vor, so einen verbohrten naturwissenschaftlichen Materialisten wie den Dr. Freud, sag dem mal einen Kracher voraus, und erklär deine Vorahnung mit dem Kollektiven Unbewussten, und dass sich unterdrückte psychische Energien aus der näheren Umgebung ihren Weg in die Freiheit suchen, indem sie zum Beispiel den Kasten zum Krachen bringen, eine Art katalytische Exteriorisation. So einer wie der Freud hätte nicht einmal kapiert, wovon man redet. Womöglich hat der Freud den Kracher nicht einmal gehört.

Den ersten oder den zweiten?

Na, von mir aus beide.

Na also bitte, Günther, entschuldige schon, sagt Helmerl, du redest ständig davon, wie laut die Kracher gewesen sind, und jetzt auf einmal hat sie der Freud möglicherweise nicht einmal gehört.

Na, bemerkst du vielleicht jeden einzelnen Lastwagen, der da gerade draußen auf dem Gürtel vorbeidonnert? Die sind doch gewiss auch laut, oder?

Das heißt also, erwidere ich, wenn man deiner Argumentation folgt, heißt das, der Freud hat die Kracher möglicherweise sogar überhört, weil er schon dran gewöhnt war, dass der Kasten hin und wieder Geräusche von sich gibt, sage ich.

Von mir aus, sagt Günther.

Jetzt entschuldige aber schon, sagt Helmerl, ich will dich jetzt nicht reizen, Günther: Aber da stellt sich schon wieder die Frage, wenn ein Kasten ständig kracht, da muss er doch einen Grund dafür haben.

Gerald widerspricht: Ich kann mir das schon vorstellen, dass er grundlos kracht. Wenn ein Kleiderschrank zum Beispiel schlecht erzogen ist, dann kann ich mir schon vorstellen, dass er ständig grundlos kracht.

Stimmt, springt Helmerl sofort auf den Zug auf, einen schlecht erzogenen Kleiderschrank, das kann ich mir auch vorstellen, sagt er. Du warst doch eh Lehrer, wendet er sich zu mir, täten sich da nicht neue Betätigungsfelder auf für dich, Wolfgang? Als Schrankpädagoge zum Beispiel, oder in der Krachprävention, oder als Lehrer in einer Sonderschule für schwer erziehbare Kleiderkästen?

Alle lachen, nur Günther ärgert sich. Krachprävention, Schrankpädagoge, sagt er, wisst ihr was, sagt er, ihr Schrankpädagogen, ihr seid mir einfach zu beschränkt. Ihr kommts einfach aus euerm primitiven Kasteldenken nicht raus. Er nimmt sein Bier und seinen Tabak und stellt sich an den Tresen zu Igor und Toni.

*

Wir lachen noch eine Weile, bis Gerald sagt, er muss kurz mal raus.

Helmerl steht auch auf. Bei ihm, meint er, suchen auch gerade irgendwelche unterdrückten Energien den Weg in die Freiheit.

Und auch bei mir ist eine kataleptische Eruption, oder wie das Zeugs heißt, nicht mehr lange aufzuschieben.

Ein Bier später, wir sitzen längst wieder beisammen, da wehen mit den Rauchschwaden von der Theke bisweilen vereinzelte Gesprächsfetzen von Günther herüber, für ein paar Sekunden nur: ... der C. G. Jung wird so blöd sein ... normalen Holzgeräusch ... unterscheiden ...

Aha, denke ich, jetzt müssen sich der Igor und der Toni gerade herumquälen mit dem krachenden Kasten, dem ungezogenen.

Und dann sinniere ich weiter über krachende Kästen und denke: Vielleicht sind alle Radio- und Fernsehgeräte, Lautsprecherboxen und sonstige Lärmerzeugungskästen, denke ich, vielleicht sind sie alle nichts anderes als direkte Nachfahren von diesem einen Freud'schen Kleiderkasten. Vielleicht war er der Urahn, der Prototyp all dieser krachenden Kästen, die seither zu Millionen und Milliarden in die Wohnstuben Einzug gehalten haben, in die Wirtshäuser, die Büros, in Discos, Kaufhäuser, eigentlich überall. Jedenfalls wird man nicht ernsthaft abstreiten, dass auch der Fernseher und all diese anderen Boxen einer Menge unterdrückter psychischer Energie ihre Beliebtheit verdanken, seelischen Blähungen sozusagen, die nach ersatzweiser Entladung suchen.

Draußen auf der Straße explodiert ein Silvesterkracher.

Grundlos.

Grundlos, weil es ist erst der achtundzwanzigste Dezember. Ich sage sofort: Wetten, dass es gleich noch einmal kracht? Und es kracht wirklich gleich noch ein paar Mal. Gut prophezeit.

Was wird uns die Zukunft sonst bringen im neuen Jahr? Außer ein paar hoffentlich harmlosen Krachern?

Wir stoßen mit unseren Sektflöten an: Prosit, auf ein gutes Neues!

Die Krönung Ferdinands des Zweiten zum König von Böhmen

An kalten Novemberabenden irrt ein Geist durch Prag, ein aus dem Grab geholter Wiedergänger oder ein aus tiefschwarzer fruchtbarer Friedhofserde geformter künstlicher Mensch, ein Golem. In engen einsamen Gassen taucht er auf, oder am Ufer der Moldau, vorwiegend in der Dämmerung, wenn's neblig ist und feucht und ungemütlich. Manch ahnungsloser Passant hört dann auf einmal hinkende Schritte hinter sich und wagt nicht, sich umzusehen im Dunkeln. Denn hinter ihm ist der Geist, das Ungeheuer, der Golem.

Wird der Geist nun eines Menschen gewahr, der alleine unterwegs ist, so beschleunigt er unvermittelt seinen Schritt. Keuchend läuft er dem Opfer hinterher, langsam aber unerbittlich verringert sich der Abstand, bis er den zu Tode Erschrockenen beinah erreicht hat. Dann richtet er jäh von hinten, immer weiter hinterher humpelnd, mit abscheulich krächzender Stimme seine Frage an den Fliehenden. Nach dem Todesjahr eines in früheren Zeitaltern hier verhasst gewesenen Verblichenen fragt er. Möglicherweise ist er es selbst, ist er selbst der Verblichene, nach dem er fragt, oder sein Geist, der keine Ruhe findet im Grabe.

Der ihm die richtige Antwort gibt und das Todesjahr weiß, den lässt er unbehelligt. Wer aber nicht antwortet, oder nicht das Richtige, der werde, so heißt es, bald selbst zu den Geistern gehören, was immer damit gemeint sein mag.

Ach was, ein alberner Aberglaube. Ein Ammenmärchen, sagte ich zu František Zweimüller, einem meiner Prager Bekannten, den ich in seinem Stammcafé getroffen hatte. Aber gut erzählt, Kompliment!

František leckte sich geschmeichelt sein schmales weißes Oberlippenbärtchen, gab sich aber mit dem Kompliment nicht zufrieden.

Vorsicht, mein Junge!

Er hob den Zeigefinger.

Ich würde das nicht so einfach abtun. Bin ihm selbst einmal begegnet – und gerade noch rechtzeitig entkommen, bevor er mich ansprechen konnte.

Ach was, mischte sich vom Nebentisch her ein dicker Glatzkopf in unser Gespräch ein. In bestem Deutsch, Österreicher der Aussprache nach. Er hatte anscheinend die ganze Zeit zugehört. Ach was, sagt er, dem verwirrten Wiener werden Sie halt begegnet sein.

Welchem verwirrten Wiener?, fragte František, halb verärgert, halb neugierig.

*

Wir mögen verzeihen, dass er sich eingemischt hätte, meinte der Dicke, aber der verwirrte Wiener sei doch Stadtgespräch. Irre in Prag herum, wie lange schon, wisse niemand. Es sehe aus, als hätte er völlig die Orientierung verloren, der Mann. Murmle ununterbrochen vor sich hin. Unverständliches Zeug. Und immer wieder rede er irgendwelche Leute an. Immer mit derselben Frage: Wann irgend so ein bestimmter Habsburger gestorben sei. Der Josef der sowiesote oder weiß Gott wer. Nur das interessiere ihn. Nichts anderes. Eine Idée fixe.

Ah, Moment, ich glaube, von dem habe ich auch schon gehört, erinnerte sich František Zweimüller. Sie meinen, dass der Geist, von dem ich gerade erzählte, niemand anderer als dieser Mann ist?

Klar, sagte der Dicke, wer sonst? Ich selbst hab ihn freilich noch nie gesehen. Aber soll echt ein Hammer sein, der Typ! Eine skurrile Figur, bis zu den Ohren hinauf in einen schäbigen Lodenmantel gehüllt, einen zerschlissenen Regenschirm in der Hand, läuft er angeblich einsam durch die Gassen, mit gehetztem Blick, frierend und hungrig. Und überall soll er nach Josef dem Zweiten fragen, auf Deutsch noch dazu.

Josef? Sucht er nicht eher Ferdinand den Zweiten?, wollte František wissen.

Richtig, Ferdinand war's, nicht Josef. Genau, Ferdinand der Zweite. Sie haben recht. Das ist der Typ, garantiert!, sagte der Glatzkopf. Eine schaurige Figur, der Mensch! Mir gruselt bei der Vorstellung, ihm irgendwann zu begegnen. Angeblich kann er kein Wort Tschechisch ...

Der, den Sie meinen, und ich zweifle, ob das mein Golem von vorhin ist, unterbrach ihn František Zweimüller, der den Sie meinen, den hab ich erst heute persönlich getroffen, am Busbahnhof Florenc, in einem Restaurant dort in der Nähe.

Nicht wahr? Sie haben ihn selbst getroffen? In einem Restaurant? Der Fremde war höchst interessiert.

Ja, sagte František. Heute Mittag. Oder besser gesagt, ich hätte ihn fast getroffen. Habe ihn nur noch wegfahren gesehen, da war er praktisch schon im Auto.

Was, sagte ich zu František, er ist also motorisiert? Das überrascht mich aber jetzt.

Ist er nicht. Nein, weggebracht haben sie ihn gerade, den Armen.

Wieso weggebracht? Gab es einen Unfall?

Keine Ahnung. Es war ja eine Mordsaufregung in dem Lokal. Nach einer kurzen Pause fuhr František fort: Oh, ich glaub, mir fällt's wieder ein! Der Kerl hatte dort einfach zu Mittag gegessen, haben mir andere Restaurantgäste erzählt. Und nachher konnte er nicht zahlen, haben sie gesagt. Natürlich, haben sie gesagt. Was willst du von so einem erwarten, haben sie gesagt. So einem Spinner.

Und weiter?, fragte der Dicke.

Ja, und dann habe er, der seltsame Wiener, haben die Restaurantgäste erzählt, dann habe er also wie üblich wieder angefangen, nach Ferdinand dem Zweiten zu fragen, genauer gesagt nach ...

Wir wurden unterbrochen: Unser österreichischer Glatzkopf wurde gerade von seiner Frau abgeholt und konnte, zu seinem allergrößten Bedauern, wie er uns gegenüber beteuerte, die Erzählung von Herrn Zweimüller nicht mehr zu Ende hören.

... genauer gesagt, er fragte ständig nach Ferdinands Krönung zum König von Böhmen, vollendete František den unterbrochenen Satz, jetzt nur mehr für mich.

Daran werden die Tschechen aber sicher nicht so gern erinnert, kommentierte ich.

Lustig, dass Sie als Nichttscheche das erwähnen, sagte František. Ich dachte mir damals dasselbe. Ist sicher mit ein Grund, warum sich etliche Restaurantgäste dann gar so aufgeregt haben.

Ah, erinnerte er sich plötzlich, und griff sich an den Kopf, jetzt fällt mir alles wieder ein! Einer hat mir die Szene genau geschildert: Zahlt einfach nicht, hätten dann etliche Prager geschrien, zahlt nicht und provoziert auch noch. Irgendein Altmarxist, ein Geschichtslehrer, habe die Leute auch noch zusätzlich aufgehetzt und sie erinnert, was für Scheiße die Österreicher den Prager ständig eingebrockt hätten, die ganzen Habsburger, und vor allem dieser Ferdinand der Zweite.

Dem wir Tschechen ja tatsächlich unsere verlorene Schlacht am Weißen Berg verübeln, erklärte František. Nach seinem Sieg hat sich dieser Ferdinand übrigens mit einem gnadenlos repressiven Regime an den Pragern gerächt. Dafür, dass sie abtrünnig geworden waren und versucht hatten, von den Habsburgern loszukommen. Eben dieser eisigen Strenge wegen erhielt Ferdinand von den Pragern daraufhin den Beinamen „Winterkönig". Das Ganze war übrigens schon der Anfang des Dreißigjährigen Krieges, endete František.

Was Sie für ein geschichtliches Wissen haben!, sagte ich anerkennend zu František. Außer das mit dem Winterkönig ...

Das ist nichts Besonderes, unterbrach František, jedes tschechische Kind lernt die Schlacht am Weißen Berg schon in der ersten Klasse. Und außerdem hat ja dieser Geschichtslehrer dort immer noch weitergeschimpft, während ich aß. Er hat die ganze Zeit Geschichte doziert und von nichts anderem geredet. – Aber ich habe Sie unterbrochen, was ist denn falsch mit dem Winterkönig?

Na, Winterkönig genannt wurde doch genau der Gegenspieler vom Ferdinand, nämlich der Friedrich von der Pfalz. Und der war überhaupt nicht streng. Hat sich eher feiern lassen von den Tschechen. Den Namen Winterkönig hat er davon, dass er nur einen Winter lang im Amt war. Ein Schicksal wie das von Dubček später, im achtundsechziger Jahr. Der ist ja dann auch kalt abserviert worden. Nach dem Prager Frühling. Diesmal von euren russischen „Freunden". – Aber lassen wir das! Erzählen Sie mir lieber von dem verwirrten Österreicher weiter! Wieso haben sie ihn mit der Rettung weggebracht? War er verletzt? Unterkühlt? Krank?

Nein, verletzt war er nicht, berichtete František weiter. Wenigstens nicht ernstlich. Zuerst haben sie eh nur die Polizei gerufen. Wegen der Zeche. Aber er hat weiterhin immer nur gesagt, der Ferdinand der Zweite könne ihm helfen, nur der Ferdinand der Zweite könne ihm helfen; und dann hat er wieder mit seinem Regenschirm herumgefuchtelt und mit einer ungültigen Kreditkarte.

Und weil etliche betrunkene Tschechen schon angefangen haben einen Aufruhr zu machen, wegen dem Ferdinand dem Zweiten, und gemeint haben, sie lassen sich nicht von einem Scheiß Österreicher provozieren, und sie hauen ihm gleich eine rein, da hat auch er zu schreien angefangen, der verwirrte Wiener, und hat mit seinem Regenschirm zurückgeschlagen, und andere haben sich auch eingemischt und wollten die Betrunkenen zurückhalten, und um ein Haar wäre ein Massentumult rausgekommen. Doch da haben die Polizisten den Österreicher grad noch rechtzeitig gepackt, ihm die Arme nach hinten gedreht und ihn schnell rausgebracht, und draußen ist dann auch schon die Rettung gestanden. Und wie er stereotyp wieder dahergeredet hat, von seinem Ferdinand dem Zweiten und dessen Krönung im Veitsdom, und keiner ihn verstanden hat, da ist er immer mehr in Rage gekommen. Und da haben ihn die Sanitäter kurzerhand in die Zwangsjacke gesteckt. Etwa zu diesem Zeitpunkt habe ich selbst das Lokal betreten. Ich hab noch gesehn, wie sie ihn rausgebracht haben. Und ins Auto verfrachtet. Ins Bohnice sei er eingeliefert worden, hat es später geheißen.

Ins Bohnice?

Kennst du die berüchtigte Psychiatrie nicht?, fragte František, die Anstalt in Bohnice, einem Vorort im Norden von Prag?

Sollte ich?, entgegnete ich.

Kennt man international, sagte er, eine der rückständigsten Anstalten in ganz Europa. Uralte baufällige Pavillons, Menschenkäfige, Elektroschocks, Gitterbetten, Fesselungen, mangelnde Hygiene, Überbelegung, Personalmangel – ein schrecklicher Ort. Wie die schlimmste Ausgeburt kafkascher Angstfantasien.

Mich schauderte bei der Aufzählung, und ich war froh, als er endlich das Thema wechselte. Von der Ausstellung von Josef Lada zu reden anfing, im Obecní dům, einem alten Repräsentationsbau hinter dem Altstädter Ring.

Mittlerweile tranken wir Bier und waren, ohne es zu merken, per du. Was, sagte ich, die hast du auch gesehen? Toll was? Ich hatte von diesem Lada vorher noch nie gehört.

Oh, doch, sagte er, ich schon. Der ist hier bei uns in Böhmen ungeheuer populär. Es gibt eine Menge Bücher und Buchillustrationen von ihm, Bilderbücher für Kinder, Plakate jede Menge, Puzzles, Kalender. Jeder Tscheche kennt Lada.

Wundert mich nicht, sagte ich, diese wunderbaren Bilder-bögen – fast wie Brueghels Dorfszenen sehen sie aus – wie dieses berühmte Bild mit den Kinderspielen, in Wien hängt es, im Kunsthistorischen Museum. Oder wie ein Hieronymus Bosch.

Dann schwiegen wir eine Weile.

Wann soll dein Freund Herbert kommen?, fragte er.

Eigentlich sollte er längst da sein, sagte ich, aber er verspätet sich öfter. Wenn du willst, warten wir nicht länger und nehmen gleich das Abendmahl ein. Wie wär's mit einem Restaurant in der Dlouhá?

Wir nachtmahlten im Lary Fary.

Das Essen war hervorragend. František wollte nach dem Mahl noch sitzen bleiben, ein drittes Bier mit mir trinken. Es war ein gemütliches Kellerlokal, aber ich musste nach Hause.

Herbert hatte ja keinen Schlüssel, und Michael, sein Sohn, auch nicht. Sie konnten ohne mich also nicht hinein.

Michael stand, als ich ankam, schon frierend vor der Haustür.

Endlich, sagte er.

Ich entschuldigte mich.

Nein, nein, meinte er, ich bin ja selber schuld. Ich hätte ja bloß rechtzeitig in das Café kommen müssen. Aber ich hatte mich da ein bisschen verschätzt, war eben noch fotografieren, Schwäne. Unten am Ufer der Moldau.

Ah, sagte ich, während ich die Haustür aufsperrte, auf der Kleinseite wahrscheinlich. Zwischen der Mánesbrücke und der Hergetova Cihelna. Da sind immer Schwäne.

Ja, erklärte er, genau dort. Ich war in der ganzen Stadt fotografieren heute, erzählte er beim Treppensteigen. Papa und ich haben uns schon in der Früh getrennt, gleich nachdem wir mit dir gemeinsam das Haus verlassen hatten. Er ist anscheinend noch unterwegs, sagte er.

Ich nickte nur, weil ich außer Atem war, und wir stiegen weiter nach oben.

*

Es war ein langer und anstrengender Tag gewesen. Müde hockten wir noch in der kleinen Küche. Er las in der Gebrauchsanweisung seiner Kamera, und ich sah mir auf der Landkarte die Orte rund um unser nächstes Reiseziel an. Aber eigentlich warteten wir beide nur mehr auf Herbert, um endlich schlafen gehen zu können. Nach neun begannen wir Schach zu spielen.

Jetzt könnte er aber wirklich kommen, sagte Michael gegen zehn, nachdem er mich zweimal matt gesetzt hatte.

Ich sagte: Geh du mal schlafen.

Ich wartete allein weiter und versuchte, meinen Vortrag für Brünn noch einmal durchzulesen. Herbert kam nicht. Mehrmals fielen mir beim Lesen die Augen zu. Endlich, gegen elf Uhr, hörte ich dann Schritte im Treppenhaus. Hatte ihm jemand anders die Haustür aufgemacht?

Die Schritte kamen herauf. Gingen an unserer Wohnung vorbei, die Treppe weiter hinauf. War also nicht Herbert gewesen.

Warten und warten. Es wurde Mitternacht. Eine Turmuhr schlug. Herbert war immer noch nicht da. Anrufen ging nicht – Herberts Handy funktionierte nicht in Tschechien.

Vielleicht hat irgendwen getroffen? Vielleicht ein Abenteuer, versuchte ich mich zu beruhigen. Ich beschloss, mich endlich auch hinzulegen.

Schlafen konnte ich nicht. Es würde ja doch bald läuten, dann muss ich sowieso wieder auf. Die fünf Stockwerke runter, ihm öffnen.

Irgendwann, gegen Morgen, muss ich dann doch eingeschlafen sein. Als ich die Augen aufschlug, schien bereits die Sonne ins Zimmer. Ein Blick auf die Uhr zeigte mir, dass es fast Mittag war.

Papa ist nicht gekommen, sagte Michael. Er war längst angezogen. Hatte in der Küche Kaffee und Brötchen vorbereitet, auch für mich.

Wir machten uns nun ernstlich Sorgen.

Er könne an nichts anderes mehr denken, sagte Michael. Sein Frühstück ließ er unberührt stehen. Auch ich hatte kaum Appetit.

Wo konnte Herbert nur sein? Nachmittags um drei hielten wir die Ungewissheit nicht mehr aus. Michael ging auf eigene Faust in der Altstadt suchen. Ich fand das sinnlos.

Aber irgendetwas musste unternommen werden.

Ich ging zur Polizei. Suchmeldung.

Sie schauten nach, ob irgendetwas Amtliches vorlag. Da, da haben wir schon was. Blaha? Herbert Blaha, sagten Sie?

Der Beamte suchte weiter. Blaha Herbert, Österreicher?, fragte er nochmals.

Richtig, aus Wien.

Der Beamte teilte mir mit, dass Herbert in Bohnice sei.

Moment, sagte ich, Bohnice sagten Sie? Ist das nicht die …

Psychiatrie, sagten der Beamte und ich gleichzeitig.

Ich erschrak.

Ein Unfall? Was ist los? Was macht Herbert in Bohnice? Was ist passiert?

Zutiefst beunruhigt kehrte ich in unsere Unterkunft zurück. – Michael war noch unterwegs. Ich nahm ein Taxi und fuhr allein los.

*

Vier Uhr Nachmittag. Psychiatrie Bohnice. Akutstation.

Ich läutete. Mehrmals. Die Tür war versperrt.

Endlich erschien hinter dem Panzerglas eine bullige Figur. Ein kurzer Blick streifte mich, der Mann in Weiß sperrte auf. Er fragte etwas auf Tschechisch.

Herbert Blaha, sagte ich, ich will Herbert Blaha besuchen.

Er schaute mich verständnislos an.

Besuchen, sagte ich, visit.

Ah, visit, sagte er. Naturlik, besuchen.

Blaha, Herbert, wiederholte ich.

Ah, osterreichische, sagte er, yesterday!

Genau, sagte ich, yesterday kommen.

Moment, sagte er, kommen herein. Ich gleich wieder komme.

Er verschwand hinter einer Tür. Es roch typisch nach Krankenhaus. Mein Blick blieb an einem Rollwagen hängen, der mit Medikamentenfläschchen beladen war.

Reihenweise Injektionsspritzen lagen darauf, mit verschieden gefärbten Substanzen darin, fertig aufgezogen zum Injizieren. In der unteren Etage des Wägelchens waren Tücher gestapelt, Gummiseile hingen an der Seite, Schnallen und Riemen, und irgendwo gab es sogar Handschellen.

Der Pfleger führte mich nun einen langen halbdunklen Gang entlang. Es war völlig überheizt dort, ein seltsamer Geruch nach Hefe hing in der Luft. Neben den Notlampen sah man den halb abgeblätterten gelblichen Putz der Mauer. Ein verzweifelter Schrei, wie von fern her, gellte durch den Gang. Und dann, hinter irgendeiner im Dunkeln nicht zu sehenden Pforte, halbblaues zorniges Reden, wie Fluchen, das leiser wurde, als wir voranschritten.

Unvermittelt öffnete der Wärter eine Türe und wies mich mit einer Handbewegung an, dort in dem Raum zu warten. An der Tür stand *přijímací pokoj* – Besucherzimmer.

Herbert Blaha, fragte er nochmal. Ich nickte. Holen Blaha, sagte er.

Bitte, antwortete ich, und nickte wieder. Dann betrat ich das halbdunkle Besucherzimmer. Vier nackte Neonröhren an der Decke des hohen Raumes blitzten surrend auf, und die kahlen Wände strahlten das kalte Licht unbarmherzig wider. In einer Ecke waren Plastikstühle achtlos aufeinander gestapelt, etliche halb kaputt.

Die Zimmermitte nahm ein schäbiger Stahlrohrtisch ein. Sein Resopalbelag löste sich auf einer Seite von der Sperrholzunterlage. In dem Spalt dazwischen klemmten zerknüllte Plastikbecher und eine vergilbte Zeitung. Auf der ebenen Hälfte der Platte waren zahlreiche Ringe zu sehen, Kaffeerückstände vermutlich, von abgestellten Tassen oder Bechern. Und ein halbvoller Aschenbecher.

Ich wartete fünf Minuten. Ging unruhig hin und her.

Dann gelang es mir, einen der ineinander verkeilten Plastik-stühle hochzuhieven und auf den Boden zu stellen. Ich wischte mit der flachen Hand den Staub von der Sitzfläche und nahm Platz.

Die Minuten vergingen. Es stank nach Krankenhaus, nach kaltem Rauch. Und wieder war dieser Hefegeruch dabei. Ich stand auf und versuchte das Fenster zu öffnen. Aber die Griffe waren abgeschraubt. Und es gab, fiel mir jetzt auf, ein massives eisernes Gitter zwischen den äußeren Fenstern und den inneren – ein Gitter, dachte ich und versetzte mich dabei in die Lage eines Patienten, oder eines Gefängnisinsassen, ein Gitter, das jeden Versuch, von hier etwa durch ein Fenster zu entkommen, von vornherein aussichtslos machte.

Endlich fand ich einen Hebel, mit dem man eine lange, nach oben führende Stange bewegen konnte, die ein Fensterteil nahe der Decke kippte. Durch die Luke drang wie eine ferne Brandung der gedämpfte Lärm des abendlichen Autoverkehrs. Hie und da schwemmte die neblige Nachtluft ein lauteres Motorengeräusch oder ein Hupen durch die Öffnung.

Ich saß wieder und wartete, wartete eine endlos scheinende Weile. Endlich wurde die Tür aufgestoßen.

Der Pfleger stand da. Fifteen minutes, sagt er. I come back. Fifteen minutes visit finish.

Ich wartete wieder.

Minuten vergingen. Nichts tat sich. Ich zog die Zeitung unter der Resopalplatte heraus. Es war natürlich eine tschechische, und ich konnte kein Wort verstehen. Ich legte sie wieder zurück auf den Tisch. Aber sie sah dort so unansehnlich aus, dass ich mich genierte und sie wieder unter der abgehobenen Tischplatte ver-schwinden ließ. Papierkorb gab es hier ja keinen.

Nach einer Viertelstunde hörte ich draußen Schritte näher kommen. Ich dämpfte meine Zigarette aus, wegen des Rauchver-botzeichens an der Wand. Die Schritte gingen vorbei und ent-fernten sich wieder.

Ich öffnete die Tür und steckte den Kopf in den Korridor. Hallo, rief ich, Hallo!

Ein quietschender Schatten mit Rädern nahm keine Notiz und entfernte sich leiser werdend in dem langen Gang.

Ich sah auf die Uhr. Die Viertelstunde war zwar noch kaum überzogen. Doch ich war ungeduldig. Gerade wollte ich mir eine neue Petra anstecken, da hörte ich wieder etwas.

Und dann ging die Tür auf und der Pfleger kam herein. Neben ihm ein unbekannter Mensch, oder eher kein Mensch, sondern ein bleiches struppiges Gespenst in einem violett gestreiften Pyjama, zitternd, verschreckt, desorientiert, den zahnlosen Mund und die Augen weit aufgerissen.

Als das Gespenst mich sah, stürzte es auf mich zu und wollte mich umarmen.

Hieghried! Hieghried, rief es, in welchem Jahr icht Herdinand der Tweite gekrönt worden. In welchem Jahr, chag mir dach Jahr! Ich wich entsetzt aus und schaute den Pfleger vorwurfsvoll an. Herbert Blaha, sagte ich, ich will Herbert Blaha besuchen!

Der Wärter nickte mehrmals energisch. Ist Blaha, sagte er, das Mann ist Herbert Blaha. Er zeigte auf das Gespenst, das mich unentwegt anstarrte, die Arme immer noch zur Umarmung bereit erhoben.

Das sollte Herbert sein? Das war doch nicht möglich.

Hieghried, hilch mir, wann icht Herdinand der Tweite gekrönt worden, schrie der Mensch wieder, und näherte sich erneut, während seine starren Augen verzweifelt meine Blicke suchten. Mich schauderte. Ich hatte seine Arme ergriffen, um einen neuerlichen Umarmungsversuch abzuwehren.

War es denkbar, dass das wirklich Herbert war? Wenn ja, wie um alles in der Welt – wie sah er aus? In welchem Zustand war der Arme! War es möglich, dass ein Mensch sich in nur einem Tag so verändern konnte? Nein, unmöglich! Nein, das war jemand anderer.

Und doch:

Ohne dass ich sagen hätte können, warum, stellte sich plötzlich die Gewissheit ein: Es war Herbert. Er musste es sein. Und wenn er es nicht war, wo war dann Herbert? Natürlich war er es!

Er hatte mich ja auch erkannt. Mehrmals hatte es wie Siegfried geklungen. Ich war mir nun sicher.

Doch anstatt mich freuen zu können, ihn wieder gefunden zu haben, wirkte dieser Verlust meiner Zweifel wahrhaft niederschmetternd auf mich. Wenn das Herbert war, und er war es, dann bestanden nämlich genauso wenig Zweifel daran, dass Herbert komplett verrückt geworden war. Dieser Herbert da vor mir war tatsächlich völlig ausgerastet, er interessierte sich für sonst nichts mehr, außer für seine einzige Idee, seine Idée fixe. Seine ganze Persönlichkeit hatte sich reduziert auf eine manische Suche nach irgendeinem völlig belanglosen Datum. Dem Krönungsdatum Ferdinands des Zweiten, wenn ich ihn richtig verstanden hatte.

Chag mir bitte, wann Herdinand der Tweite gekrönt worden icht, bitte, rief er ein ums andere Mal und zerrte an meinen Ärmeln.

Ich schaute ratlos den Pfleger an. Der zuckte mit den Achseln. Immer fragen Ferdinand der Zweite, sagte er. Er zog die Brauen hoch. Für ihn war das Alltag.

Jetzt einmal ganz ruhig, sagte ich, mich wieder Herbert zuwendend, beruhige dich erst einmal, sagte ich, und erzähl mir alles der Reihe nach.

Ich war verzweifelt. Und Michael erst, wie schlimm würde das erst für ihn sein.

Herbert fing wieder an von „Herdinand dem Tweiten", und zerrte an mir herum, während ich einen zweiten Stuhl vom Stapel zu heben versuchte.

Der Pfleger übernahm hilfsbereit das Sesselproblem, und endlich gelang es mir, Herbert zum Niedersetzen zu bringen. Und irgendwann auch zum ruhiger Werden.

Nur seine Hände zitterten noch, lagen bebend auf seinen Oberschenkeln. Die ganze Gestalt sah erbärmlich aus.

Wieso hat er denn keine Zähne, schrie ich plötzlich den Pfleger an. Ich hielt das alles selbst nicht mehr aus. Er kann ja nicht mal ordentlich reden, ohne Zähne! Wo sind denn seine Zähne, schrie ich.

Der Pfleger sah mich verständnislos an.

Die Zähne, wiederholte ich und deutete mit dem Finger auf meine eigenen entblößten Zähne, und dann auf Herbert.

Ah, Zahn, sagte der Pfleger, Zahn wir nehmen weg.

Wieso habt ihr ihm die Zähne weggenommen, schrie ich.

Wieso! Der Arme hat sowieso schon den Verstand verloren. Wozu nehmt ihr ihm jetzt auch noch die Zähne? Wieso Zähne weg?

Safety, erwiderte der Pfleger, safety. Patient beißen, kratzen.

Verstehe, sagte ich, ruhiger werdend, verstehe, er war aggressiv.

Herbert begann sich wieder aufzuregen. Ich hielt seine Hände fest und sagte zum Pfleger: Geben Sie ihm wenigstens jetzt die Zähne, nur für den Besuch, damit wir ordentlich reden können. Ich versteh ja kaum, was er mir sagen will.

Okay, sagte der Pfleger, verstehe, wollen Zähne, fur Besuchen reden. Okay, aber your responsibility, okay?

Selbstverständlich, antwortete ich, ich nehm das auf meine Kappe, my responsibility.

Er holte ein Sprechgerät aus der Tasche und sagte ein, zwei Sätze.

Kurz darauf kam eine Schwester und stellte ein Glas mit Herberts Gebiss auf den Tisch.

Zitternd fischte er die Prothesen aus dem Glas und setzte sich erst die oberen und dann die unteren Zähne ein.

Mit einem Schlag sah er wie verwandelt aus, und dem Herbert wieder ähnlich, den ich kannte, oder zumindest viel ähnlicher als eben noch vorher.

Siegfried, danke dass du mich besuchst hier, ich war schon ganz verzweifelt, sagte er, und seine Miene zeigte so etwas wie Erleichterung.

Ist doch selbstverständlich, antwortete ich.

Kurz vorm Durchdrehen war ich, sagte er, du kannst dir das nicht vorstellen. Dann schwieg er und schüttelte eine Minute lang den gesenkten Kopf, als wundere er sich, oder müsste irgendetwas Grauenhaftes aus seiner Erinnerung fortscheuchen.

Ich ließ ihm Zeit.

Na, kurz vorm Durchdrehen ist wohl ein wenig untertrieben, äußerte ich schließlich behutsam. Ganz umsonst wirst du wohl nicht da gelandet sein.

Siegfried, du kannst dir nicht vorstellen, was ich in den letzten Stunden durchgemacht habe, und was die Tschechen für Barbaren sind, begann er. Aber bevor ich dir alles erzähle, sag mir bitte, wann ist Ferdinand ...

Bitte Herbert, beruhige dich, sagte ich, und das Stück Hoffnung, seine Krankheit könnte sich doch als harmloser herausstellen als ich befürchtet hatte, diese Hoffnung begann wieder zu schwinden.

Lass jetzt mal den Ferdinand den Zweiten, sagte ich, der ist sicher nicht so wichtig. Jetzt schauen wir mal, dass du gesund wirst, und dann sehen wir weiter ...

Was heißt nicht so wichtig, was heißt da nicht so wichtig? Der ist doch schuld, dass ich hier eingesperrt bin, sagte er. Oder besser gesagt, schuld ist, dass niemand mir gesagt hat, wann der Ferdinand ...

Du musst von diesem Ferdinand wegkommen, unterbrach ich streng. Vergiss ihn! Werd erst mal gesund!

Was heißt werd erst mal gesund, empörte er sich, ich bin gesund, bis auf die verdammten Spritzen und Medikamente, die sie mir da reingedrückt haben − kein Wunder wenn einer davon damisch wird. Er begann sich wieder aufzuregen.

Der Pfleger sah fragenden Blicks zu mir. Und dann auf die Uhr. Ob der Besuch nicht besser jetzt zu Ende sei, wollte er wohl andeuten, und ob er Herbert jetzt zurückbringen solle, auf die Station.

Ich sagte: Gleich, fünf Minuten noch. Five minutes!

Ich bin verdammt gesund, schrie Herbert, und du sag mir jetzt endlich, wann Ferdinand der Zweite im Veitsdom zum König von Böhmen gekrönt wurde, du als Grazer Historiker wirst mir doch nicht weismachen, dass du das nicht weißt! Himmelkruzitürkensakkramentnochmal! Warum ist das denn so eine unmöglich zu bewerkstelligende kostbare Haupt- und Staatsaktion, mir endlich diese einfache Jahreszahl zu sagen?

Er ist wirklich total verrückt, dachte ich. Ich schaute ihm tief in sein außer Rand und Band geratenes Gesicht und sagte: Sechzehnhundertsiebzehn.

Er starrte mich mit weit aufgerissenen Augen an.

Dann begann er auf einmal zu strahlen. Und dann stammelte er: Sechzehnhundertsiebzehn, sechzehnhundertsiebzehn, das ist es natürlich, richtig, sechzehnsiebzehn! Er sprang vom Sessel auf und begann im Zimmer herumzuhopsen und zu tanzen, schlug die hoch erhobenen Hände ein ums andere Mal klatschend gegeneinander und sang: Sechzehnsiebzehn, natürlich sechzehnsiebzehn, das ist es, sechzehnsiebzehn. Ich gehe ins Konzert, sechzehnsiebzehn, ich – ich kann Taxi fahren, sechzehnsiebzehn, ich mache einen Ausflug im Schiff auf der Moldau, sechzehnsiebzehn, endlich, ich hab's, sechzehnsiebzehn ...

Der amüsierte Blick des Pflegers traf sich mit meinem erschütterten.

Als Herberts Freudentaumel endlich ein wenig abebbte, sagte ich vorsichtig: Kannst du mir ...

Sechzehnsiebzehn, sagte Herbert, und fiel mir um den Hals, danke, danke, danke, lieber Siegfried, danke tausendmal, sechzehnsiebzehn, ewig bin ich dir dankbar ...

Wofür denn bitte, sagte ich, seine Umarmung vorsichtig abwehrend. Kannst du mir vielleicht verraten, warum das so wichtig ist für dich, wann der Ferdinand ...

Ich pfeif auf den Ferdinand, sagte er, hör mir zu, hör mir einfach zu!

Und dann begann er zu erzählen.

*

Du weißt doch, sagte er, dass Jugendliche keine Zigaretten mehr kaufen dürfen.

Ich zog ratlos die Brauen hoch. Was sollte das jetzt?

Bei uns in Österreich, fügte er hinzu.

Na und?, sagte ich, immer noch ratlos. Mein Kummer über seinen Geisteszustand wurde mit jedem Wort, das er sagte, immer noch größer und abgründiger. Wer es je erlebt hat, wie ein Freund oder Angehöriger, der von einer solchen Erkrankung betroffen ist, sich von einem Tag auf den anderen zu einem Fremden verwandelt, der wird meine Erschütterung verstehen können.

Was heißt na und? Das war ja der Grund von dieser ganzen Misere hier, antwortete er heftig. Damit hat es ja eigentlich angefangen, mit diesem verdammten Zigarettenverbot. – Hast du übrigens eine für mich?, fragte er hastig.

Hätte ich schon, sagte ich, aber ... Mit einem Seitenblick auf den Wärter zog ich zögernd mein Päckchen Petra aus der Tasche.

Was aber?

Ich zeigte auf das rauchvergilbte Schild mit dem Rauchverbot.

No Problem, sagte der Pfleger und machte Miene, uns eine Weile allein zu lassen. I come back fifteen minutes, okay?

Okay, antwortete ich.

Mit zittrigen Fingern fischte Herbert eine Zigarette aus der dargebotenen Packung.

Ja aber, erlaubte ich mir irritiert einzuwerfen, während ich ihm Feuer gab, aber was geht das dich an?

Was?

Na, dass Jugendliche keine Zigaretten bekommen. Du bist doch längst über sechzehn! Und überhaupt, was hat das mit deiner Krankheit hier zu tun?

Er sog gierig an der Zigarette.

Was für eine Kh... – für eine Kch...Kch...Kch... – ein Hustenanfall hinderte ihn am Weitersprechen. Was für eine Krankheit, verdammt noch mal?, brachte er endlich, immer noch hustend, hervor. Fang nicht du auch noch damit an. Hör mir doch bitte zu!

Ich war skeptisch, aber ich entschloss mich doch, ihm zuzuhören. Das war ich ihm schuldig, als meinem Freund. Andererseits: Verrückten zuhören ist eine Art Gratwanderung. Ich meine: ernsthaft zuhören.

Ernsthaft zuhören heißt, man muss immerhin die Chance in Betracht ziehen, dass der Verrückte recht hat. Dass seine Sicht der Dinge die richtige ist.

Wenn man von vornherein einen Wall aus Normalität aufbaut, so kann man ja gar nicht mehr richtig zuhören. Alles, was der Verrückte von sich gibt, ist dann nur mehr die unappetitliche Absonderung einer völlig entgleisten Hirndrüse – ein ekelhaft Monströses, das man besser nur zum Schein anhört, oder gar nicht. Oder das man nur als physikalische Wellen an sich heranlässt, als Schallwellen, bei dem einen Ohr rein, wie man so schön sagt, und beim anderen wieder raus. Als Wellen, deren Decodierung sich nicht lohnt. Oder sogar bedrohlich ist.

Das klingt grausam. Aber es ist ein verständlicher Selbstschutz.

Wer aber wirklich zuhören will, ohne solchen Filter, der muss sich des einen bewusst sein: Den Kranken selbst macht eben dies, dass man ihm zuhört, ein bisschen normaler. Er wird wieder in das Netz der allgemeinen Kommunikation aufgenommen. Seine Sonderwelt bekommt wieder Anschluss an die allgemeine.

Derjenige hingegen, der zuhört, der schenkt dabei immer etwas her von der eigenen Normalität, indem er überhaupt zuhört. Er lässt sich sozusagen absichtlich ein Stück weit anstecken, wird ein bisschen selber verrückt.

Deswegen haben die Psychiater alle selber einen Knall. Das kommt von dem vielen Unsinn, den sie dauernd hören. Wenigstens diejenigen, die sich überhaupt die Mühe machen, zuzuhören. Es gibt ja auch noch die andere Rasse von so genannten Seelenärzten, diejenigen, die ihre Patienten von vornherein mit dem gläsernen Apparate-Blick des Naturwissenschaftlers sehen. Die ihre Patienten ansehen als eine Art Käfer, als seltsames Reptil oder irgendeine andere merkwürdige Spezies Lebewesen, die man interessiert betrachtet, seziert, kategorisiert und katalogisiert, mit Medikamenten und Spritzen oder Riemen und Zwangsjacken ruhig stellt, aber niemals ernsthaft zu verstehen versucht.

Ich selbst gehöre nicht zu der unempfindlichen Sorte Mensch, die für so einen Beruf geeignet ist. Deswegen bin ich auch froh, Übersetzer und Historiker zu sein und nicht Psychiater. Mich machen bei Gesprächen bereits geringfügige Anzeichen von

Unlogik ratlos. Ich fliehe dann, so schnell ich kann. Und gar erst Verrücktheit: Ist sie nicht eine über die Ufer getretene, von keiner Vernunft mehr gebändigte Subjektivität – genau das Gegenteil also von der nüchternen Objektivität, der mein ganzes Streben als Wissenschaftler gilt, und auch als Mensch?

Doch diesmal konnte ich nicht fliehen, konnte nicht meinem alten Freund Herbert mein Ohr verweigern. Natürlich nicht.

Also, was hat unser österreichisches Jugendlichen-Zigarettenverbot damit zu tun, dass du jetzt hier bist?, fragte ich Herbert geduldig. Sein Hustenanfall hatte sich beruhigt.

Wollte ich ja gerade erzählen. Also hör bitte zu.

Gut, ich höre, sagte ich.

Ich machte mich auf weitere Absurditäten gefasst.

Er hustete wieder. Ich gehe also, fing er endlich, sich räuspernd, an, ich gehe also zu einem Zigarettenautomaten und drück mir eine Schachtel Zigaretten raus. Smart Export.

Was, sage ich, gibt's die hier auch?

Wer redet von hier, entgegnete Herbert, in Wien!

Bitte Herbert, sagte ich, konzentrier dich bitte aufs Wesentliche. Warum du hier gelandet bist, will ich wissen.

Na hör mir doch endlich zu, brummte er gereizt.

Tu ich ja, sagte ich, tu ich ja, ich höre. Aber komm doch bitte zum Thema.

Ich bin beim Thema.

Aber du erzählst irgendetwas von Wien. Wir sind hier in Tschechien, Herbert. In Prag! Nicht in Wien.

Aber das von Wien gehört dazu.

Wir reden von hier und heute, Herbert! Ich rang die Hände. Wann war denn bitte das mit deinem Tschickpackerl vom Automaten?

Vor drei Wochen, sagte er.

Siehst du Herbert, genau das meine ich! Das war im Oktober. Wir haben jetzt Mitte November, Herbert. Als wir uns gestern früh trennten, warst du noch völlig normal. Erzähl mir keine alten Geschichten, ich will nur wissen, was seit gestern früh passiert ist.

Was heißt hier noch völlig normal, schrie er, bin ich vielleicht jetzt nicht völlig normal?

Der Pfleger war weg. Und so genau kenne ich mich auch nicht aus mit Geisteskrankheiten.

Natürlich bist du normal, sagte ich vorsichtig, aber ein bisschen Sorgen mache ich mir doch.

Vergiss das, brüllte er, um mich brauchst du dich nicht zu sorgen, nicht um mich. Die spinnen, die Tschechen! Nicht ich.

Wenn du meinst, sagte ich. Erzähl also weiter! Aber fang bitte nicht wieder bei Adam und Eva an, oder vor drei Wochen in Wien. Erzähl mir, was in dem Restaurant gestern Mittag passiert ist. Wieso haben sie dich dort weggebracht und hierher ins Spital eingeliefert?

Diese Trotteln, schrie er, das ist es ja. Weil keiner mir zuhört. Und weil die Tschechen verrückt sind, und weil sie alle miteinander Nazis sind.

Bitte sei vorsichtig, was du sagst, zischte ich, du weißt, ich liebe die Tschechen. Aber selbst wenn du recht hättest, du bist hier in Tschechien, vergiss das nicht.

Man soll Verrückten nicht böse sein. Aber ich konnte nicht anders angesichts des Unsinns, den er verzapfte.

Ist die Wahrheit, stieß er hervor, die reine Wahrheit. Die haben echt einen Hau mit ihrem Ferdinand dem Zweiten.

Hatte ich je einen Hoffnungsschimmer gesehen, Herberts Erkrankung könnte sich als Missverständnis herausstellen, oder vielleicht nur harmloser Natur sein, so musste ich spätestens jetzt diese Hoffnung fahren lassen. Schon wieder fing er mit diesem fatalen Ferdinand an, diesem unglücklichen Wallenstein-Ferdinand.

Die Tschechen, sagst du, haben einen Hau mit dem Ferdinand? Die Tschechen? Aber Herbert, sagte ich und bemühte mich um Mäßigung, man hat mir erzählt, du redest dauernd vom ihm. Und ich hab es ja ehrlich gesagt selber gerade eben erlebt.

Was hat man dir erzählt?, schrie er gereizt.

Du hättest anstatt zu zahlen, dauernd nach Ferdinand dem Zweiten gefragt.

Natürlich, musste ich ja!, schrie er weiter. Diese Trotteln, diese Nazis!

Musstest du? Eine neue Welle des Mitleids trieb mir Tränen in die Augen. Warum musstest du?

Hätten mir diese blöden Tschechen das Krönungsjahr Ferdinands im Veitsdom gesagt, es wäre alles in Butter gewesen. Nichts wäre passiert. Aber nein, aufgeregt haben sie sich stattdessen, und haben zu schimpfen angefangen, und einen Wirbel zu machen, und sind auf mich losgegangen, und der Wirt hat sowieso schon die Polizei gerufen, wegen der Rechnung. Und die Polizisten, die haben dann die Rettung geholt.

Er bestätigte im Wesentlichen nur das, was mir František Zweimüller über den „verwirrten Wiener" berichtet hatte.

Na, allzu sehr musst du dich nicht wundern, sagte ich. Wenn du stereotyp nach so einem Unsinn fragst – und dann auch noch ausrastest – klar dass sie dich hier einliefern.

Was soll ich denn sonst fragen, sagte er, ich hatte keine Krone mehr, und das Krönungsjahr Ferdinands des Zweiten zum König von Böhmen ist die ...

Tatü tatü tatü ...

Seine letzten drei Worte waren vom Sirenengeheul eines nahenden Ambulanzwagens verschluckt worden. Ich konnte sie gerade noch irgendwie hören.

Und brauchte etliche Sekunden der Überraschung, um die Tragweite dieser drei Worte zu verstehen.

Aber was sagst du denn das nicht gleich, sagte ich schließlich. . Jösses, bin ich erleichtert! Dann bist du ja gar nicht verrückt! Mir kamen die Tränen, als ich ihn spontan umarmte und an mich drückte. Bin ich froh! Ein Wahnsinn, so etwas Blödes muss einem erst einmal passieren. Ein echter Irrsinn!

Ich schüttelte eine Weile den Kopf und sah ihn zwischendurch immer wieder ungläubig an.

Dann lachte ich. Und dann weinten wir beide vor Erleichterung, weinten und lachten abwechselnd. Wäre der Wärter noch da gewesen, er hätte uns wohl jetzt beide für verrückt gehalten. Ich zündete mir eine Zigarette an. Die brauchte ich jetzt. Bei Stress muss ich unbedingt rauchen. Auch eine plötzliche Erleichterung ist Stress.

Aber ein bisschen bist du auch selber schuld, sagte ich, nach dem ersten tiefen Zug eine blaue Rauchwolke von mir gebend. Ein wenig ungeschickt, sagte ich, hast du dich schon verhalten, das musst du zugeben. Sei mir nicht bös!

Kann schon sein, sagte er. Aber du kannst dir nicht vorstellen, wie blöd das gelaufen ist. Das kriegt plötzlich eine Eigendynamik. Wenn solche Sachen einmal eskalieren, dann kann man fast nichts mehr richtig machen. Da wird einem jeder Versuch, die Dinge zu erklären und wieder ins Lot zu bringen, als zusätzlicher Beweis der Verrücktheit ausgelegt. Und selber reagiert man dann natürlich auch nicht mehr so logisch und vernünftig – und regt sich auch wirklich auf – und wird vor Verzweiflung wütend. Und die Spritzen und Tabletterln tun dann noch ein Übriges …

Schon möglich, räumte ich ein. Und der dumme Zufall, dass es ausgerechnet der Ferdinand der Zweite war – der ist ja wirklich extrem unbeliebt bei den Tschechen. Kann schon sein, dass da ihre nationale Ehre mit im Spiel war. So was kann leicht irrationale Reaktionen auslösen. Überhaupt wenn Leute betrunken sind.

– Aber wie um alles in der Welt seid ihr denn überhaupt auf diesen Ferdinand den Zweiten gekommen?

Wer ihr?

Na, deine Bank und du?

*

Herberts Sohn Michael war gerade auf der Kleinseite unterwegs, auf eigene Faust seinen Vater suchen, als unser Anruf kam. Herbert erzählte ihm irgendeine wirre Geschichte, er hätte eine alte Bekannte getroffen oder so etwas. Michael schien sich für Einzelheiten ohnehin nicht zu interessieren. Für ihn war die Hauptsache, dass sein Vater wieder da war. Wir verabredeten uns mit ihm gleich am Bahnhof, da wir noch für dieselbe Nacht Unterkünfte in Pilsen reserviert hatten. Ebenso Karten für eine Matinee der tschechischen Philharmonie am nächsten Vormittag.

Während ich mich nun gemeinsam mit Herbert um die Entlassung aus dem Spital kümmerte, erzählte er mir zwischendurch weitere Details aus der Geschichte:

Wie er sein Packerl Smart Export damals – mit damals meinte er: drei Wochen vor der Reise – wie er da zwar sein Packerl Smart Export aus dem Automaten gezogen hätte, seine Karte aber nicht. Die hätte er im Schlitz vergessen und den Verlust erst eine Woche später bemerkt.

Die Bank gab ihm natürlich eine neue Karte – samt geändertem Passwort. Und weil man sich solche Passwörter merken soll und besser nicht aufschreiben, und weil Herbert zerstreut ist und vergesslich, und weil er wusste wie vergesslich er ist, deswegen hat er, kaum zu Hause angekommen, gleich am Computer gegoogelt, nach einer brauchbaren Assoziation, einer Eselsbrücke. Damit er sich sein neues Passwort leichter merken kann.

Und die Eselsbrücke, die er fand, war eben der Ferdinand der Zweite. Zum König von Böhmen war der Ferdinand gekrönt worden im Jahr 1617. Und 1617 war auch das Passwort, der Zahlencode für Herberts Bankomatkarte.

*

Das mit dem Krönungsjahr klappte tatsächlich – ein Bankomat spuckte kurz danach genug Kronen aus, dass wir nach Pilsen und später nach Nordböhmen und Mähren weiterreisen konnten. Was ein Glück war. Ich selbst war nämlich knapp am Überziehungsrahmen und musste mir bereits ab Pilsen von Herbert und seinem Ferdinand dem Zweiten Kronen borgen. Und Michael hatte sowieso kaum eigenes Geld mit.

Später, daheim, habe ich die ganze Geschichte meinen Stammtischfreunden erzählt, und zwar, als wäre sie nicht Herbert, sondern mir selber passiert. Ob man meinem Bericht geglaubt hat, weiß ich nicht. Immerhin meinten einige, jetzt wüssten sie eigentlich alle den Zugangscode zu meinem Konto. Wenn ich wieder mal betrunken sei, könnten sie jederzeit abheben.

Ich habe abgewunken. Macht euch keine übertriebenen Hoffnungen, sagte ich. Erstens bin ich selten betrunken (ab hier musste ich lautstarke Proteste überschreien), zweitens lohnt sich, selbst wenn ihr die Karte hättet, wahrscheinlich die Mühe nicht – wegen meines meist betrüblichen Kontostandes, und drittens bin ich, selbst wenn die Geschichte wahr wäre, nicht so blöd gewesen, euch das richtige Jahr zu verraten.

Hast du aber, ich hab's grad nachgegoogelt, meinte da der Robert. 1617 ist wirklich das Krö...

Vergiss es, hab ich geantwortet. Vergiss den Ferdinand den Zweiten, samt seinem Krönungsjahr. Für mein Bankkonto ist ein ganz anderer Herrscher zuständig, oder besser gesagt eine Herrscherin.

Ich weiß, sagte Franz resigniert, meine Frau auch.

Klaus' Tante Waltraud war geizig gewesen. Einer ihrer Aussprüche war in diesem Zusammenhang sogar legendär geworden: Beim Schlafen, hatte Tante Waltraud immer gesagt, beim Schlafen schaue ich ja ohnedies nicht auf die Uhr.

Und das war der Grund, warum sie aus ihrer Uhr jeden Abend vor dem Schlafengehen die Batterien rausgenommen hat. Das sparte Strom.

In der Früh setzte sie die Batterien dann wieder ein. Da sie dann nicht wusste, wie spät es war, musste jeden Morgen ihr Neffe Klaus auf dem Weg zur Schule kurz bei ihr vorbeikommen, um die Zeiger wieder richtig einzustellen.

So war Tante Waltraud gewesen.

Ihr Neffe Klaus war anders. Zwar sparte auch er, aber nicht auf so sinnlose Weise. Tante hatte sinnlos gespart.

Obwohl, sinnlos? Man sagt das so leicht. Wie auch immer sie es gemacht hatte, man musste schließlich zugeben, dass Tante Waltraud ein nettes Vermögen hinterlassen hatte. Nicht wenig Geld, und ein paar Häuser im zehnten Bezirk. Absolut niemand hätte bei ihr solche Schätze vermutet. Es ist schon was dran: Bei den Reichen kann man sparen lernen!

Für Klaus war das Beste an der Sache, dass die Tante, selbst kinderlos, am Ende alles ihm vermachte, ihrem „Lieblingsneffen", wie sie ihn zu ihren Lebzeiten oft genannt hatte.

Klaus habe allerdings nicht nur ihr Vermögen geerbt, behaupten die Leute gern, sondern auch ihren Geiz. Und dann berichten sie von dreckigen Immobilienspekulationen, und wie mies er mit den Mietern seiner Häuser umgehe. Und dass er – trotz seines Vermögens – in alten Hosen, womöglich aus der Altkleidersammlung, herumläuft, kann jeder selbst sehen. Angeblich gönnt er sich nicht einmal ordentliches Essen. In diesem Zusammenhang hört man denn auch gelegentlich die Geschichte mit dem chinesischen Tiramifu, die sich vor ein paar Jahren zugetragen haben soll.

Ich erinnere mich noch genau, wo ich den Ausdruck zum ersten Mal hörte, nämlich im Café Kaisergarten, während eines Grätzelfestes.

Chinesisches Tiramifu?, fragte ich neugierig. Was soll das sein? Und Tiramifu? Soviel ich weiß, gibt es ein Tiramisu, und das ist ...

Eh klar, wissen wir natürlich, sagten meine Tischkollegen, Tiramisu ist italienisch. Aber es gibt, erklärten sie, ein China-Restaurant in der Kaiserstraße, da gibt es ein Tiramifu.

Bei dem Wort Tiramifu begannen – wie vorhin schon – alle zu lachen. Das machte mich neugierig, die Geschichte zu hören.

Was ist los mit dem Tiramifu, erzählt schon, sagte ich.

Rudi, auch genannt der Doppelrudi, er war ohnehin der Wortführer der Runde, begann.

*

Du kennst doch, sagte er und strich sich dabei über seinen stattlich gerundeten Wanst, du kennst doch das China Buffet „Wok Today" in der Kaiserstraße?

Ich kannte nicht.

Man kann dort um neun Euro achtzig essen so viel man will. All you can eat, steht groß über der Tür, erklärte Rudi weiter.

Man merkte, wie ihm allein beim Gedanken an ein Restaurant schon wieder das Wasser im Mund zusammenlief. Er hatte immer Appetit. Und nie Geld. Sein stattlicher Bauch war Zeuge, dass sein Appetit dessen ungeachtet immer wieder Mittel und Wege fand, zu essbaren Genüssen zu kommen. Eben dieser Bauch hatte ihm auch den Spitznamen „doppelter Rudi" eingetragen, manche sagten auch „Doppelrudi", was freilich beides nicht allzu originell war, weil er mit Familiennamen ohnedies Doppler hieß.

Da treffe ich, fuhr Doppelrudi fort, eines Tages, ich habe gerade einen Urhunger, treffe ich also eines Tages den Klaus.

Er überholt mich, rennt an mir vorbei, als hätte er mich nicht gesehen.

He Klaus, ruf ich, wohin so eilig? Er bleibt stehen, dreht sich um. Hallo Rudi, sagt er. Ich verwickle ihn in ein Gespräch, und schließlich gehen wir gemeinsam und tratschen. Bei der Westbahnstraße bleiben wir stehen und warten auf die Straßenbahn. Ich, in meinem Hunger, sehe durch die großen Fenster sofort das köstliche Buffet des Wok Today. Auch Klaus wirft einen langen Blick auf die dampfenden Delikatessen. Auch er hat also Hunger. Weißt du was, sag ich, hast Lust? Gehen wir miteinander hinein, mittagessen?

Klaus zuckt zusammen. Ich hab keinen Hunger, sagt er. Aber sein Gesicht straft ihn Lügen, denn seine Blicke hängen immer noch am Buffet.

Hast du keine Zeit?, sage ich.

Nein, Zeit hätte ich, aber wirklich keinen Hunger. Er stiert noch immer aufs Buffet.

Bist sicher?

Absolut keinen Appetit. Hab eben erst gegessen, bekräftigt er.

Mir fällt ein, dass er als sparsam verschrien ist.

Ich lade dich ein, sage ich.

Doch Klaus bleibt dabei: Er will nicht essen. Auch wenn er eingeladen ist. – Ich vermute, er hat Angst, irgendwann zu einer Gegenleistung verpflichtet zu sein.

Na, wenn du eh Zeit hast, sage ich, so komm wenigstens mit und leiste mir einfach Gesellschaft!

*

Klaus habe ihm nun tatsächlich beim Essen Gesellschaft geleistet, erzählte Rudi weiter. Sie hätten anfangs beinahe keinen Platz mehr gefunden, aber das Essen sei dann köstlich gewesen, schwärmte er. Und er hätte so richtig nach allen Regeln der Gourmetkunst geschlemmt. Vorspeisen: eine kleine Tasse süßsaure Suppe, dann

Muscheln, Langusten und Sushi, mit scharfen Saucen dazu. Nachher Krabbenfleisch und Tintenfischringe, mit Sesamsauce und und und ...

Allein das Aufzählen der Köstlichkeiten begeisterte Rudi so sehr, dass manchmal ein wenig Speichel aus seinem Mund troff und sein dickes Gesicht sich rötete, gleichsam als äße er jetzt alles noch mal.

Und Klaus?, fragten wir ihn.

*

Richtig, der Klaus, sagte er, also: Der Klaus, ob ihr es glaubt oder nicht, der Klaus isst also tatsächlich nichts. Sitzt die ganze Zeit daneben und sieht mir völlig gleichgültig beim Essen zu. Nicht einmal ein einziges Getränk bestellt er.

Seine scheinbare Teilnahmslosigkeit reizt mich. Ich glaube sie ihm nicht. Hat er nicht draußen noch heißhungrige Blicke in das Lokal geworfen? Er spielt auf cool. Doch ich vermute reinen Geiz dahinter. Und ich stelle mir beim Essen die ganze Zeit vor, welche Willensanspannung ihn das kosten muss. Irgendwann würde er es nicht mehr aushalten und zu essen anfangen.

Großer Irrtum! Der Klaus bleibt eisern. Er sieht ungerührt zu, wie ich mir einen gebratenen Pangasius zu Gemüte führe, auf Sojasprossen, Lauch, Austernpilzen und geröstetem Paprika, garniert mit Zitronenscheiben und Petersilie.

Er bleibt unbewegt, als ich das Aroma der Zutaten in höchsten Tönen lobe, einzeln und im Zusammenklang, und sie als unübertreffliche geschmackliche Symphonie bezeichne.

Er sieht ungerührt zu, als ich mir einen Berg knusprige Ente einverleibe, mit etwas Reis, Currysauce und herrlichem Rucolasalat. Und er hört stoisch zu, wie ich jeden Bissen, sobald ich ihn im Mund habe, mit genüsslichen Ausrufen kommentiere, mit Ah! und Oh! und Stöhnen und Schmatzen vor lauter Genuss.

Klaus bleibt völlig unbewegt. So unbewegt, dass ich mit der Zeit fürchte, mein eigener Appetit würde langsam auch davon beeinträchtigt. Ich fange an, mich über ihn ein wenig zu ärgern. Vor allem, als ich an die Menge Geld denke – und die drei Häuser in zehnten Bezirk, die er geerbt hat. Und die weiteren Mietskasernen, die er mittlerweile, heißt es, dazuerworben hat. Warum um alles in der Welt lässt er es sich nicht ein bisschen gutgehen? Eigentlich hätte er mal eine Lektion verdient!

*

Auf jeden Fall, die hatte er längst verdient, der Geizkragen, pflichteten einige Zuhörer dem Doppelrudi bei. Erzähl schon weiter!

*

Rudi fuhr fort: Also, direkt während ich esse, mitten während meiner Portion Ente, kommt mir eine Idee.

Und als ich dann aufstehe, mir neue Köstlichkeiten zu holen, da liegen auf dem Teller, den ich zurücklasse – dem Klaus direkt vor der Nase, zwei kleine, aber besonders appetitliche Stücklein übrig gelassener Ente.

Beim Buffet lasse ich mir diesmal extra viel Zeit für die Zusammenstellung einer neuen Portion. Den Teller randvoll beladen mit Rindfleisch Chop Suy, Bambussprossen, gebackenen Bananen, Zitronengras sowie einer weißen mayonnaiseartigen Substanz, trete ich den Rückweg an, neugierig darauf, wie diese Kombination schmecken wird. Noch viel gespannter aber bin ich freilich darauf, ob sich auf unserem Tisch in der Zwischenzeit etwas getan hat.

Habe ich mich verrechnet?

Nein! Volltreffer!
Auf dem Resteteller fehlt, sieh da, sieh da, da fehlt: ein kleines Stückchen von der Ente. Es fehlt es fehlt ein Entenstück, ein Stückchen von der Ente! Einer der beiden Köder ist tatsächlich verschwunden.

118

Also doch! Hab ich dich endlich! Nur jetzt nicht gleich was anmerken lassen!

Nun besteht freilich kein Zweifel mehr: Klaus wird langsam mürbe. Er, der stinkreiche Klaus, leidet Hunger, besser noch: Er leidet Qualen, richtige unerträgliche Hungerqualen. Will nur sein Gesicht nicht total verlieren. Bereut längst seine Beteuerungen, er habe absolut keinen Appetit. Und ist vermutlich schon ganz nahe dran, seinen Fehler zuzugeben. Eine Brücke, nur eine kleine, unscheinbare Brücke müsste man ihm bauen, aus einigen verständnisvollen Worten vielleicht, oder mit einem Zitat. Etwa von Michel Montaigne, über die Unbeständigkeit der menschlichen Natur: Sofort würde Klaus nach dem Strohhalm greifen, garantiert, und würde erleichtert seinen Irrtum zugeben. Apropos, würde er sagen, apropos Unbeständigkeit: Auch ich hab meine Meinung geändert, es war eine Dummheit nur zuzuschauen, ich werde jetzt doch essen.

Würde er sagen. Aber würde ist würde. Denn ich erleichtere ihm die Kehrtwende nicht, ich bestimmt nicht.

Im Gegenteil! Was tu ich? Ich beginne sofort eine heuchlerische Suada, wie sehr ich ihn bewundere für seine Standhaftigkeit, und ich an seiner Stelle wäre schwach geworden, sage ich, und hätte bei solchen Köstlichkeiten einfach ein zweites Mal gegessen, und Hut ab vor seiner Beherrschung. An so etwas könne ich mir ein Beispiel nehmen. Dabei zeige ich bedauernd auf meinen Bauch.

Ich brauche keine Beherrschung dafür, unterbricht Klaus endlich, ganz fahl im Gesicht, ich habe einfach null Appetit.

Bingo! Wenn er vorher noch zurückrudern hätte können, jetzt, nach dieser neuerlichen Affirmation, hat er sich ein für allemal eingemauert! Jetzt muss er den Asketen durchhalten.

Und ich werde es ihm schwer machen, beschließe ich. Bei Gott, ich werde es ihm schwer machen!

*

Rudi hat tatsächlich etwas von einem Sadisten, dachte ich, als er nun fortfuhr, in allen Einzelheiten zu schildern, wie er von da an bei jedem neuen Teller genauso vorgegangen sei: Erst habe er immer den Großteil verzehrt, genüsslich und schwärmerisch alles kommentierend, am Ende habe er aber jedes Mal zwei winzige Brocken am Teller zurückgelassen, wenn er Nachschub holen ging, zum Buffet. Und jedes Mal habe einer der beiden Bissen gefehlt, wenn er zum Tisch zurückgekehrt sei, erzählte Rudi. All das schilderte er in unzähligen Details, und die erinnerten Gaumenfreuden bereiteten ihm beim Erzählen nicht minder Vergnügen als die Vorstellung, wie niederträchtig er den geizigen Zechkumpanen damit gequält hatte.

Mir tat der arme Klaus schon leid. Ich dachte irgendwann nicht mehr dran, dass er ein reicher Geizkragen ist, der alte Häuser kauft, und sie, nachdem er die alten Mieter hinausgeekelt hat, teuer weiterverkauft.

Das Ende der Geschichte hätte mir Rudi übrigens damals glatt vorenthalten. Ein Anruf auf seinem Handy hatte seine Erzählung unterbrochen.

Was ist denn nun mit dem Tiramifu?, sagte ich, als er nach dem kurzen Telefonat unvermittelt aufstand und Rock und Hut von der Garderobe nahm. Das chinesische Tiramifu, du weiß schon!, wiederholte ich. Aber Rudi wollte nicht mehr bleiben. Also haben mir die anderen, die die Geschichte schon kannten, den Rest zu Ende erzählt.

*

Irgendwann ist also Rudi bei seiner letzten Nachspeise, einem – wie er es schwärmerisch zu bezeichnen pflegt – extraordinär köstlichen Abschluss-Tiramisu, angelangt. Zur Hälfte hat er auch dieses bereits aufgegessen. Ist nun für Klaus endlich das Ende der Folter in Sicht? Alles sieht danach aus: Auch eine Gruppe hungriger neuer Gäste wartet schon eine Weile auf den Tisch der beiden. Bald wird Klaus erlöst sein und kann sich endlich zu Hause etwas Billiges kochen.

Rudi wischt sich irgendwann zufrieden mit der Serviette den Schnauzer und sagt: Das Tiramisu schmeckt herrlich, Klaus, aber ich kann beim besten Willen nichts mehr runterbringen. Willst nicht du den Rest aufessen?

Meinetwegen, sagt Klaus gleichgültig. Doch mit einer Gier, als rette ihn das vor dem Hungertod, hebt er den Dessertteller und schiebt den ganzen Rest der köstlichen Nachspeise schnell, mit einem einzigen Löffelzug, direkt vom Teller in den Mund.

In dem Moment taucht der Kellner auf. Zusammen oder getrennt, sagt er und zückt den Block.

I hahe nur fugefaut, sagt Klaus. Bei jedem Wort spritzt ihm brockenweis Tiramisu aus dem Mund.

Wie bitte?

I hafe nur fugefaut, wiederholt Klaus. Er hat den Mund immer noch voll Tiramisu. Sein Schnurrbart ist voll weißer Creme. Das Kinn gesprenkelt mit Fettpatzen und Kakaopuder.

Er hat nur zugeschaut, sagt er, erläutert Rudi endlich.

Sie haben nur zugeschaut?, sagt der Kellner.

Klaus nickt.

Und was bitte haben wir dann im Mund?

Nur ein biffchen Tiramifu.

Die Gäste – jene, die stehend auf ihren Tisch gewartet haben und die sitzenden an den umliegenden Tischen – sind längst aufmerksam geworden. Er sagt, er hat nur zugeschaut, hört man flüstern, und etliche beginnen zu kichern. Da und dort wiederholt jemand das Wort Tiramifu – und erntet beifälliges Gelächter.

Er habe nichts gegessen, versichert Klaus, als er seine Ladung Tiramisu endlich hinuntergewürgt hat und wieder sprechen kann, absolut nichts. Das Restchen Tiramisu habe er nur gegessen, weil es sein Freund ja ohnehin weggeworfen hätte, schwört er.

Er ist mittlerweile vor Aufregung aufgestanden, was einer der wartenden Gäste sofort nutzt, den Stuhl einzunehmen.

Und die Ente?, fragt der Kellner.

Na gut, gibt Klaus zu, auch vorher habe er schon mal einen winzigen Bissen Ente ... aber sonst habe er wirklich nichts ...

Der Kellner besteht natürlich auf der Bezahlung. Klaus hingegen fühlt sich im Recht. Das ist – der pure – der pure Grashüpfer – eine Sauerei – ein richtiger Heuschreckenkapitalismus, ruft er, erregt um sich fuchtelnd. Fällt mir gar nicht ein, dass ich zahle. Er stammelt herum, redet sich in einen immer verzweifelter klingenden Wirbel hinein. Niemand unterstützt ihn. Auch Rudi hält sich raus. Immer offener beginnen rundherum Leute zu lachen.

Die Sache ist klar: Klaus hat keine Chance. Er ist mit vollem Mund erwischt worden und muss zahlen.

Während er das langsam einsieht, nutzt der Kellner die Zeit und beginnt inzwischen Doppelrudis Rechnung zu machen. Außer dem Buffet hat Doppelrudi noch zwei Krügel Bier und zwei doppelte Wodka gehabt.

Zweiundzwanzigdreißig, sagt der Kellner. Rudi ergänzt großzügig auf dreißig.

Aber leider hat er kein Geld dabei, wie er bedauernd gesteht, nachdem er kopfschüttelnd alle Fächer seiner Brieftasche durchsucht hat. Er schaut zu seinem Freund hoch: Du kannst mir doch sicherlich die paar Euronen bis nächste Woche pumpen, nicht wahr, Klaus?

Das Ende?

Nicht schwer zu erraten: Klaus hat wohl oder übel die doppelte Zeche bezahlt, seine „Konsumation" und jene des doppelten Rudi, und ist dabei doch hungrig wie ein Wolf geblieben.

Ob die Knurrgeräusche beim Verlassen des Restaurants mehr von Klaus' leerem Magen herrührten oder von seiner Wut über das „verschwendete Geld", das konnte Rudi, so erzählt er selber gern, nicht mehr eindeutig feststellen, zumal er dringend weg musste, wegen einer Verabredung.

Es wird aber sicher nur das übliche Tête-à-tête gewesen sein. Zu Hause, mit seiner Doppelcouch, auf der der doppelte Rudi nach üppigem Essen stets ausgiebig zu ruhen pflegt.

So wie ich ist Paschinger nicht unbedingt das, was man einen etablierten Bürger nennt. Er ist ein typischer Altachtundsechziger und wurstelt sich freiberuflich als Grafiker durch.

Alle paar Wochen gehen wir miteinander zum Vietnamesen essen. Paschinger wohnt gleich ums Eck. Und ich auch nicht viel weiter. Den Alfare Stephan haben wir manchmal als Dritten im Bunde dabei. Aber meist schläft der um die Zeit noch. So auch heute.

Sein Handy ist abgeschalten, sagt Paschinger am Telefon, und der Jo ist in Ungarn und die Christine in der Arbeit.

Die beiden sind nämlich manchmal auch dabei, oder die Brigitte.

Macht eh nichts, sage ich. Ich hab eh schon einen Urhunger, und bis die wieder alle antanzen.

Paschinger ist einverstanden, dass wir uns gleich jetzt im Saigon treffen, diesmal eben nur zu zweit.

Als ich ankomme, sitzt er bereits dort. Ich freu mich, ihn wieder zu sehen, nehme Platz, ihm gegenüber, und habe genau das Aquarium mit den Goldfischen im Blickfeld. Fast wenigstens. Denn es ist genau hinter dem Paschinger. Er weiß, dass ich es genau so mag und hat sich deswegen so gesetzt. Die zierliche Bedienung kommt und bringt Paschinger die Speisekarte. Er nimmt gebratenen Fisch. Mich sieht sie kurz an und ich nicke. Das genügt ihr. Meine Order ist hiermit gültig ergangen. Jede Angestellte dort weiß, was mein Nicken bedeutet. Denn ich habe noch nie etwas anderes konsumiert dort als M5 ohne Getränk. M5 bedeutet Menü fünf: knusprige Ente. Und süßsaure Suppe vorher.

Glauben Sie nicht, es war leicht, die Kellner und -innen so abzurichten, dass ich jetzt wortlos bestellen kann. War ein gehöriges Stück Mühe und Konsequenz, und dauerte Jahre. Doch mittlerweile sitzt die Dressurnummer perfekt. Jede Wette, dass ich schon betriebsintern M5 genannt werde? Ah, der M5 kommt, wird es heißen, wenn die Tür aufgeht und ich reinkomme. Der M5 ist wieder da. Es klingt so wie: der 007. Und die in der Küche werden sofort eine Portion knusprige Ente vorbereiten. Noch bevor ich den Mantel ausgezogen habe.

Meine vollautomatische M5-Bestellung hat mittlerweile sogar einige Besitzerwechsel überlebt. Der Kundenstock wird ja sozusagen mit dem Inventar mitverkauft, samt den dazugehörigen Informationen. Vermutlich gibt es sogar eine Kartei, mit einer Art Steckbrief von mir, samt Foto und dem Vermerk: Herr Glechner, wird auch M5 genannt. Bestellt ausschließlich M5, ohne Getränk. Sagt dies aber nie, sondern setzt voraus, dass man das weiß.

Paschinger mampft bald seinen Fisch, ich bekomme meine Ente. Wir essen, plaudern über dies und das. Auch über den von ihm vorgeschlagenen Gruppen-Radausflug, von dem ich so begeistert bin, dass mir erst gegen Ende des Mahls einfällt, dass ich gar kein Rad mehr habe.

Wieso, ist Paschinger erstaunt, was ist mit deinem doppelt gestohlenen?

Was er damit meint, wissen die Leser meines ersten Buches „Jetzt schlagt's Dreizehn". Oder Leute, denen die Geschichte woanders her bekannt ist.

Das doppelt gestohlene Fahrrad?, sag ich. Das hat leider einen Patschinger, Herr Paschinger.

Und?, meint er. Der Ausflug ist erst in zwei Wochen.

Schön und gut, sage ich, aber den Patschen hat das Radl seit anderthalb Jahren.

Uijegerl, sagt Gerhard. Gerhard ist der Vorname des Paschingers. Uijegerl, seufzt er mitfühlend. Auch ihm ist klar: Das kann man nicht so schnell heilen. Ein bereits so lang währendes schweres Asthma, oder ist es Apnoe, oder Pneu-Monie?, jedenfalls, so etwas hat sich richtig festgefressen in anderthalb Jahren. Wer schon so lange keine Luft mehr bekommen hat, der hat einen langen Weg der Rekonvaleszenz vor sich. Bis Christi Himmelfahrt ist im günstigsten Fall eine leichte Erholung zu erwarten. Da sind wir Realisten.

Wie man hier bemerken kann, lebt in unser beider sonst christlichen Seele ein gewisser Animismus fort. Animismus, um den Begriff zu vergegenwärtigen, Animismus vermutet auch in toten Gegenständen eine Art Leben und eine Seele. Konsequenterweise auch in Fahrrädern.

Besonders ein Fahrradreifen ohne Seele ist, das werden selbst nüchterne Realisten zugeben, eine schlappe Sache, ebenso wie ein Fußball ohne eine solche. Oder hat der moderne Fußball keine Seele mehr? Ich weiß es ehrlich gesagt nicht.

Aber für diesmal unterbricht ohnehin der Paschinger meine Grübeleien. Beim Hofer gibt es ein Radl im Angebot, sagt er.

Der Filou schlägt mir also allen Ernstes vor, meine treue langjährige Begleiterin (es ist bisher unerwähnt geblieben: es ist ein Damenrad) einfach gegen eine Jüngere auszutauschen. Ich gebe schon zu, sie hat's nicht nur auf der Lunge, auch ein gravierender Beilagscheibenvorfall macht ihr seit Jahren zu schaffen und das Lichtkabel hat einen doppelten Bypass. Damit nicht genug: Sämtliche Lager quietschen aus Mangel an Gelenksschmiere, die Bremsfunktion ist vermindert durch eine linksseitige Bremshebelamputation und eine Sehnenzerrung am Bremsseil. Und unten hat meine Rädin eine ziemlich labile Ständerprothese. Auch die Kette ist längst kein Schmuckstück mehr, was damit zusammenhängen mag, dass die Zahnräder Karies haben und bereits viele Gebisslücken aufweisen. Von den Gängen funktioniert nur mehr der achtzehnte, was zur Folge hat, dass sie nur langsam und mit viel Mühe in Fahrt zu bringen ist. Der mit Abstand abstoßendste Makel ist freilich der künstliche Ausgang an ihrem Gesäß (das Gestänge schaut durchs aufgeplatzte Sattelfutter). Auch sonst fände man, vom abgeblätterten Lack gar nicht zu reden, unschwer noch manches Gebrechen. Nur die Glocke, die schellt noch laut wie am ersten Tag. Leider nicht mehr nur, wenn man sie betätigt, sondern ungefragt und permanent (die bei älteren Damen gelegentlich vorkommende „akustische Inkontinenz" eben).

All das sind aber Äußerlichkeiten. Schwerer wiegt, dass meine mobile Tretmühle schon vom Charakter her nie wirklich zu mir gepasst hat. Was eigentlich kein Wunder ist – ist sie doch ein Damenrad. Aber sie deswegen ganz im Stich zu lassen? Und jetzt, in ihrem Alter?

Doch der Teufel, dieser Verführer und Kuppler, diesmal verkleidet in Gestalt des Paschingers, der Teufel hat mich schon fest an der Angel. Ich muss ohnehin nachher zum Hofer, sagt er. Und ich solle doch gleich mitkommen.

So hat er mich hingeschleppt.

Beim Hofer sind wir dann erst einmal ein bisschen ziellos herumgeirrt. Wozu brauchst du das Einkaufswagerl, sagt der Paschinger irritiert. Wenn du eh ein Fahrrad kaufst.

Aber kurz drauf bemerkt er einen Kümmelbraten in meinem Wagerl, später einen Rettich, Bierdosen und noch so einiges. Da fragt er nicht mehr wozu, und legt selber ein, zwei Sachen rein. Die Muffins sind jedenfalls nicht von mir. Muffins mag ich nicht. Schon wegen des Namens.

Dann landen wir bei den Sonderangeboten. Der Paschinger verhakt sich bei den Pflanzenrollern. Sind keine Elektroroller. Überhaupt keine Motorroller. Pflanzenroller nennen sie einfach Blumenbankerl auf kleinen Rädern.

Paschinger ist richtig begeistert und legt zwei Pflanzenroller in den Einkaufskorb. Der ist damit fast voll.

Paschingers Begeisterung wirkt auf mich ansteckend. Doch vorher teste ich noch, ob der Pflanzenroller die auf dem Produktaufkleber versprochene Maximalbelastung von achtzig Kilo auch wirklich aushält. Indem ich mich draufstelle und Paschinger anschieben lasse. Hast du überhaupt Pflanzen?, fragt Paschinger, während er den erbärmlich quietschenden Pflanzenroller samt mir durch den Gang schiebt.

Das nicht, gebe ich zu. Aber ich könnte mir welche kaufen.

Ist natürlich eine Idee, sagt Paschinger.

Er weiß nicht, dass Pflanzen das keine gute Idee finden würden. Sie haben es nämlich nicht leicht bei mir. Die meisten haben ein kurzes Leben und gehen bald ein, an schlichtem Wassermangel. Nur Kakteen haben manchmal die magische Grenze von zwei Monaten überlebt.

Meine Zimmerflora, so überhaupt vorhanden, hat daher eine deutliche Schlagseite Richtung Kakteen. Das geht so weit, dass sogar Pflanzen, die normalerweise zartblättrig und feinstängelig sind, bei mir mit der Zeit dickfleischig – Fachausdruck: sukkulent – werden, sukkulent und stachelig.

Seit ich das
bemerkt habe,
bin ich hinsichtlich
der Evolution von
der Lehre Darwins
abgekommen, der meint,
Anpassung brauche
viele Generationen
der Erbgutveränderung
durch Auslese.

Ich bin mittlerweile ganz
der gegenteiligen Auffassung.
Bin Lamarckist geworden, seit ich selbst
Zeuge wurde, wie sich eine Passionsblume
in meiner Wohnung, unter dem Einfluss
chronischen Durstes, binnen einer Woche
in einen Feigenkaktus verwandelt hat.

Den misstrauischen Einwand einer
Freundin gegen meine Evolutionsthese lasse
ich nicht gelten. Sie meint, meine mangelnde
Pflege sei halt selbst einer Passionsblume zu viel geworden, und
da hätte sich wohl eine mitleidige Frauenseele des verdurstenden
Pflänzchens erbarmt und es heimlich gegen ein robusteres Ge-
wächs ausgetauscht.

Solche Behauptungen sind Unsinn und in ihrer Absicht leicht zu durchschauen. Bald folgte denn auch prompt ihr gekränkter Vorwurf, auf dieselbe Art wie ich Blumen vernachlässige und wie seelenlose tote Wesen behandelte, genauso ginge ich auch mit Frauen um.

Ein absurder Vorwurf gegen einen, der, wie man eben sehen konnte, selbst Damenfahrrädern gegenüber zu zarten Empfindungen fähig ist.

Wahr an alledem ist freilich, dass meine Partnerinnen, sofern überhaupt vorhanden, sich häufig – ähnlich meinen Blumen – zu schwergewichtigen, sukkulenten und stachligen Wesen entwickeln, und ich weiß nicht wirklich, woran das liegt.

Etliche meiner Verflossenen hätten wohl sogar die Belastbarkeit der Hofer'schen Pflanzenroller auf eine harte Probe gestellt.

Vielleicht war das meine unbewusste Assoziation bei meinem Gewichtstest, den ich eben gerade mithilfe des Paschingers vornehme. Mein Gewicht hat er jedenfalls ausgehalten, der Pflanzenroller, und so lege ich ihn zufrieden auf den bereits gupfert vollen Einkaufswagen.

Paschinger fand übrigens den Test „im Grunde unnötig". Normale Zimmerpflanzen, sagt er, kommen eigentlich selten in die Nähe von achtzig Kilo. Überhaupt gebe er zu bedenken, ob es nicht ohnehin besser wäre, vorher die Blumen zu kaufen, und erst später einen dazupassenden Pflanzenroller.

Ich könnte ja meinen Computer einstweilen draufstellen, erwidere ich, solange ich noch keine Blumen habe. Irgendwas würde ich schon finden, was man draufstellen könnte.

Was ich nicht sage, ist, dass ich einfach einen Pflanzenroller haben muss, schon aus Eifersucht. Es kann nicht sein, dass er gleich zwei davon kauft, und ich keinen einzigen. Auch dass ich so etwas nicht brauche, will ich nicht zugeben. Obwohl ich von der Existenz dieser Dinger bisher noch nie gehört habe, ist mir ad hoc klar: Irgendetwas muss nicht stimmen mit einem, der keinen Pflanzenroller braucht. Zur endgültigen Gewissheit wird mir mein Verdacht, als Paschinger plötzlich zum Tisch mit den Pflanzenrollern noch einmal zurückgeht, und noch einen dritten, den letzten noch übrig gebliebenen, für sich holt. Vielleicht um seinen Vorsprung mir gegenüber auszubauen, und mir die Gelegenheit für ein Remis endgültig abzuschneiden.

Er hat nun genug, mit seinen Pflanzenrollern und Muffins, und versucht unseren Bummel langsam Richtung Kassa zu lenken. Ich aber bin mittlerweile in einen Kaufrausch geraten. Ich halte gerade ein Gerät in der Hand, bestehend aus etlichen feingelöcherten Röhrchen, Manschetten, Stangerln, einem kleinen Gehäuse.

Unbekannte Vorrichtungen faszinieren mich immer. Solange ich nicht weiß, welchen Verwendungszweck sie haben, bin ich bezaubert von ihrer Ästhetik. Es hat etwas Magisches. Wofür mag das schmucke Apparatchen gut sein? Mein Interesse wächst. Das Ding hätte ich gern gehabt.

Noch geheimnisvoller ist das Gerät durch seinen Lagerort. Es ist bei den Gummibärchen gelegen. Jemand muss wohl auf dem Weg zur Kassa vom Kaufwunsch abgekommen sein.

Paschinger hat endlich herausgefunden, was es ist. Eine Sprinkleranlage, sagt er.

Und jetzt erst entdecke ich – nicht weit davon – mehrere Paletten mit Gartensachen. Mit einer Menge faszinierender Geräte und Produkte. Umwerfend schön, rasend praktisch. Wie etwa der in Rollen angebotene Kunstrasen, von dessen Verwendung als Unterlage im Bett mir Paschinger allerdings umgehend abrät. Obwohl er mein Matratzenproblem kennt. Außer du machst es gern im Grünen, schränkt er seine Kaufwarnung ein.

Verlockend erscheint mir auch die so genannte „Gartenbeute", eine Art Mülltonne mit Rädern. Ebenso die Heckenschere, für die ich mir am liebsten sofort eine Hecke anschaffen würde. Und tausend andere Sachen, Hängematte, Gartenpantoffel, Schläuche, Kabelrollen und und und. Als Erstes entscheide ich mich für die Gartenbeute. Und verwende sie vorläufig als zweiten Einkaufswagen. In den ich dies und das hineinpacke. Am liebsten würde ich alles kaufen, was mit Garten zu tun hat.

Hast du überhaupt einen Garten?, fragt Paschinger mit einem besorgten Blick auf meinen sich zügig füllenden zweiten „Einkaufswagen".

Ich verneine.

Vielleicht haben sie auch einen Garten, sagt Paschinger. Frag bei der Kassa!

Er lacht. – Paschinger hat den Kern meines Problems erkannt: Eigentlich habe ich Sehnsucht nach etwas Garten. Ich liebe die Natur. Nichts bereitet mir mehr Genuss, als einen Baum zu sehen, ein paar wilde Blumen, Gras, ein Heupferd, oder Vogelgezwitscher zu hören. Wenn ich daran denke, bekomme ich Sternderl in den Augen. Einen Baumstamm im eigenen Garten mit der Feder zu zeichnen, ein Gartenhäuschen mit Hollerstaude, am Abend draußen sitzen und die Dämmerung im Freien zu erleben, das Stillerwerden des Amselgesangs – wozu braucht es noch ein Paradies im Jenseits? So etwas wenn ich hätte!

Muss denn ein solcher Mensch wie ich ausgerechnet am Wiener Gürtel wohnen, in der pflanzenlosen Betonwüste, inmitten einer gnadenlosen Verkehrshölle?

Paschinger ahnt meine Sehnsucht. Sanft macht er mir bewusst, dass all das Gartenzeug, das ich mittlerweile in der fahrbaren Gartenbeute Richtung Kassa bewege – das eben so volle Einkaufswagerl hat inzwischen er übernommen –, dass all das nur sinnlose Ersatzkäufe sind. Solang du keinen Garten hast, sagt er.

Ich habe es dann auch eingesehen, schweren Herzens, und die Sachen wieder zurückgebracht. Nur den Pflanzenroller, den hab ich mir nicht ausreden lassen. Obwohl er jetzt daheim tatsächlich nur im Weg steht.

Ja, übrigens: Das Fahrrad haben wir dann auch noch gesehen. Fast hatte ich es vergessen. Es war ein solides Rad, keine Frage. Der Rahmen war mir aber zu dick – fast hätte ich gesagt: zu sukkulent.

Wenn ich mir schon ein neues Fahrrad anschaffe, dann soll es wenigstens ein in allen Details genau für mich passendes sein. So eins vor allem, wo man beim Fahren aufrecht sitzen kann. Nicht nur wegen der Bandscheiben mag ich das ständige Vorbeugen nicht mehr. Lieber ist es mir, ich kann auf die Autofahrer ein wenig von oben herabschauen.

So ein stolzes Herrenrad muss man aber erst mal finden.

Immerhin, *einen* fahrbaren Untersatz, sogar einen ohne Patschen, hab ich schon wieder. Für einen Gruppen-Radausflug ist er allerdings nicht wirklich geeignet, mein Pflanzenroller.

Werd mir wohl irgendein Fahrradl ausborgen müssen, diesmal, für unsern Radausflug.

Oder daheim bleiben. Am Gürtel. Und die Himmelfahrt ins Grüne den andern überlassen.

DIE BEWERBUNG

Ich komme mit einem Mann ins Gespräch. Oder bin ich ohnehin hinbestellt, ist es ein Foyer in seiner Firma, wo wir uns treffen? Ich sage, ich könnte mir vorstellen, den Job anzunehmen.

Was bringen Sie denn mit an Voraussetzungen, fragt er geduldig, während er routinemäßig seinen Schlips zurechtrückt. Eine adrette Sekretärin bringt Kaffee. Das Gespräch ist gar nicht unangenehm.

Ich fühle mich halbwegs ernst genommen. Meine Qualifikationen werden nicht in Frage gestellt, höchstens versucht der Gesprächspartner durch Zusatzfragen zu manchen Punkten Näheres zu erfahren. Ich habe ein gutes Gefühl. Schließlich frage ich hoffnungsfroh, wie es aussehe mit dem Job.

Wissen Sie, beginnt er, vielleicht sollte ich Ihnen das jetzt nicht sagen, aber Sie – er zögert – Sie – er zögert wieder – Sie stinken, sagt er schließlich.

Sie haben einen äh … unangenehmen Körpergeruch, wiederholt er, meine Bestürzung bemerkend.

Oh Gott, sage ich, freilich, ich bin verschwitzt. Ist es denn schon so schlimm, dass jeder das sofort riecht? Das ist mir aber jetzt furchtbar peinlich, danke vielmals, dass Sie mir das mitgeteilt haben! Solche Rückmeldungen sind sehr wichtig! Niemand sagt einem so etwas!

Er nickt. Ich weiß, sagt er, ich hatte gehofft, sie würden es mir nicht übel nehmen.

Im Gegenteil, erwidere ich. Ich bin Ihnen sehr dankbar.

Er winkt ab.

Wissen Sie, will ich, hastig stotternd, eine Art Entschuldigung anfangen, will ihm erklären, dass unsere Wohnung seit geraumer Zeit, genauer gesagt seit dem Ausfall unseres Boilers vor zwei Jahren, ohne Warmwasser, und ich seither, vor allem jetzt, im Winter, wegen der Kälte selbstverständlich, in puncto Hygiene bedauerlicherweise gerade etwas, ohne mir bewusst zu sein, dass dies in solchem Ausmaß der Fall …

Während ich meine Entschuldigung stammle, hat er sich schon unaufhaltsam erhoben, mir die Hand geschüttelt, und sagt nun, schon im Weggehen: Aber Herr Käsewitter, keine Ursache, sich zu entschuldigen! Es hat mich gefreut, mit Ihnen zu plaudern.

Und schon enteilt er lautlos auf dem schallschluckenden grünen Teppichboden. Vielen Dank noch einmal, rufe ich ihm unsicher nach. Aber er ist schon bei der Hydrokultur-Yuccapalme hinter gepolsterten Doppeltüren verschwunden.

Eine apathisch in sich versunkene Raumpflegerin schlurft lautlos hinter dem Staubsauger her. Genauso geräuschlos saugt dieser den ohnehin makellos sauberen Teppichboden ab. Ich hebe die Beine. Die Brösel von meinen Schuhen, mein Name, das eben mit mir geführte Bewerbungsgespräch, alles wird still und unerbittlich mit eingesaugt. Selbst die leeren Kaffeetassen sind auf einmal weg.

Schon nach diesen wenigen Sekunden ist mein Besuch vollkommen entsorgt, vergessen für immer, verschluckt von der alles in sich einsaugenden Routine der perfekt arbeitenden, gut geölten Maschinerie des Bürobetriebs.

Einzig mein stinkender Körper sitzt noch da, völlig fehl am Platz.

Schließlich verschwindet auch er. Er steht auf, schleicht beschämt über den klinisch sauberen Teppich, humpelt die gläserne Freitreppe hinab, wagt es nicht, das chromblitzende Geländer dabei zu berühren.

Mit dem festen Vorsatz, künftig mehr auf seine Sauberkeit zu achten, stapft er durch die superleichtgängige verglaste Chromstahl-Drehtür nach draußen.

Die richtige Reihenfolge

Josef, wir nennen ihn hier Pepi, ist Brillenträger. Eine Brille zu tragen, sagt Pepi, eine Brille zu tragen, bringt mancherlei Lasten und Pflichten mit sich, die dem Normalsichtigen unbekannt sind. Dazu gehört auch das Putzen der Brillen. Denn genauso wie das Auge immer wieder gereinigt wird, bei jedem Lidschlag, wie durch einen Scheibenwischer, eben genauso muss auch die Oberfläche der künstlichen Linse, die man Brille nennt, von Zeit zu Zeit gereinigt werden.

Pepi blinzelt verlegen, nachdem er uns diese umständliche Erklärung geliefert hat, während er zwischendurch immer wieder seine Gläser behaucht, sie dann mit dem Taschentuch zwischen Daumen und Zeigefinger nimmt und in kreisenden Bewegungen irgendetwas Unsichtbares zu entfernen versucht. Etwas zumindest uns Unsichtbares. Denn Pepi scheint von der Sinnhaftigkeit seines Tuns völlig überzeugt zu sein. Immer wieder hält er die Brille vor den Mund und behaucht sie, um dann wieder emsig zu rubbeln. Dann hält er die Gläser gegen das Licht und prüft das Zwischenergebnis.

Ohne Brille sieht Pepi seltsam verändert aus: Einerseits wacher und lebendiger, andererseits aber auch irgendwie verträumt und orientierungslos. Und auch ein wenig schutzlos, mit dieser ungebräunten rosa Babyhaut um die Augen herum, schutzlos wie ein Einsiedlerkrebs, den man aus seinem Gehäuse herausgezogen hat.

Auch seine rote Nase fällt ohne Brille viel mehr auf. Pepi sagt, die käme von seinem dauernden Schnupfen, von der Allergie. Und hier, auf der Alm, sei es leider wieder schlimmer geworden damit. Denn hier, behauptet er, blühen noch die Gräser, sogar jetzt im August noch, wenn sie unten im Tal längst verblüht sind. Und die Unmengen Pilzsporen kämen auch noch dazu.

Halt keine Vorträge und mach schon fertig mit deiner Putzerei! Ist doch eh alles sauber, sagt Mandi. Auch die anderen wollen weiterspielen, überhaupt Peter, der endlich einmal ein super Blatt in der Hand hat. Sogar in der Statistik liegt Peter diesmal ausnahmsweise vorn.

Im Gegensatz zu Pepi. Der ist diesmal, laut Peter, der Dschriasche. Und der Dschriasche, sagt Peter, der Dschriasche ist bei uns in Kärnten so etwas wie der Dumme in einer Kartenrunde. Der, der alles zahlt.

Da muss ich euch …, fängt Pepi wieder an, während er weiter an seiner Brille herumreibt.

Nein, schreit Peter, du musst gar nicht, nicht schon wieder, nicht schon wieder eine Geschichte, du willst nur kneifen, weil du diesmal der Dschriasche bist. Spiel endlich aus.

Pepi macht noch eine letzte Putzrunde. Dann schnäuzt er sich lautstark in das Papiertaschentuch, stopft es in die Hosentasche und setzt die Brille endlich wieder auf. Er nimmt sein Blatt auf, blinzelt kurz hinein und spielt den Herz-Zehner aus.

Hey, beim Herzeln keine Herz am Anfang, sagt Mandi.

Sind wir nicht schon bei den Damen?

Sicher, sagen die anderen.

Außer Mandi. Der ist aber der Meinung, dass die Damen sowieso vor den Herzen kommen.

Ist doch egal, sagt Eva, die einzige Frau in der Runde.

Was heißt hier egal, empört sich Peter. Bei allem Respekt, meine Dame, aber wie soll man denn dann wissen, was gespielt wird? Eine bestimmte Reihenfolge muss schon eingehalten werden. Und die ist einfach: zuerst Stiche, dann Herzeln, dann Damen, dann der Wugl, und zum Schluss Unteransetzen.

Da hat er, hatschii, recht, sagt Pepi, schnäuzt sich kurz und fährt fort: Eine bestimmte Reihenfolge muss eingehalten werden! Bei manchen Dingen ist die Reihenfolge sogar noch wichtiger als beim Wugeln. Da muss ich euch ein Beispiel, was mir einmal passiert …

Nein, bitte nicht, du musst überhaupt nicht, protestiert Peter wieder, bitte keine Geschichte. Und zu Eva gewandt sagt er: Spiel doch weiter, du bist dran.

Doch Eva hat ihr Deck bereits verkehrt hingelegt, und die andern sind ebenfalls neugierig, was Pepi zu erzählen hat. Und so resigniert auch Peter und legt seine Karten ab.

Also, beginnt Pepi umständlich, die Geschichte ist ein wenig delikat, und sie, er wendet sich kurz zu Eva, sie in Gesellschaft einer derart reizenden jungen Dame so zu erzählen, dass keine Regeln des guten Geschmacks verletzt werden, das ist vielleicht mehr als mein bescheidenes Erzähltalent leisten kann.

Er putzt sich kurz die verstopfte Nase und beginnt wieder: Da wir uns aber auf einer Alm befinden, in einer herrlichen natürlichen Umgebung, und da wir uns in den letzten Tagen daran gewöhnt haben, in mancherlei Angelegenheiten ohne die verfeinerten Hilfsmittel einer städtischen Zivilisation aus- und mit derberen Ersatzmitteln zurechtzukommen, so hoffe ich, dass Sie nach eben diesem Muster, geschätzte Zuhörer, auch meiner Erzählung mildernde Umstände zubilligen.

Seit wann sind wir per Sie, sagt Peter, und überhaupt, red nicht so geschraubt herum, wir wissen ohnehin, dass du ein Ferkel bist. Fang endlich an.

Hatschi, sagt Pepi, und schnäuzt sich. Also, die Geschichte handelt vom Brillenputzen und ...

Nicht schon wieder, mault Peter.

Aber Pepi beruhigt ihn mit einer Geste und fährt fort: ... und von der Wichtigkeit der Reihenfolge.

Jetzt werden auch die anderen ungeduldig.

Gibt es etwas anderes auch noch als Einleitungen?, fragt Eva.

Da gehe ich, erzählt Pepi endlich, vorgestern, als ihr auf den Scharnik gegangen seid, da gehe ich also hinunter zum Schader, zum Wirtshaus, trinke dort ein paar Radler und lasse mein kleines Notebook aufladen, und schreibe auch ein wenig. Oder besser gesagt, ich will schreiben. Denn nach einer kurzen Weile kommt die Wirtin wieder zu mir, schaut misstrauisch auf mein Notebook und meint, jetzt sei es genug mit meiner Stroment-nehmerei. Sie müsse jetzt die Waschmaschine einschalten, und wenn mein Gerät da – sie zeigte auf das Notebook –, wenn das da eingeschaltet sei, dann habe sie nicht genug Strom für die Waschmaschine.

Umsonst versuchte ich ihr zu erklären, dass das Gerät weniger Strom verbraucht als die kleinste Glühbirne, sogar eine fünfundzwanziger Glühbirne braucht mehr, sie brauche keine Angst zu haben, das störe weder ihre Waschmaschine, noch habe sie durch die Stromentnahme nennenswerte Kosten zu befürchten. Sie blieb dabei und sagte, es tue ihr leid, aber ich müsse jetzt genug aufgeladen sein, sagte sie.

Aufgeladen, das war ich auch, mit einem gewissen Ärger vor allem. Denn ich war extra zum Schreiben und Aufladen zwei Stunden den unwegsamen Steig hinuntergegangen.

Ich trat wohl oder übel wieder den anstrengenden Rückweg an und erreichte, nach eineinhalb Stunden etwa, die Lichtung auf dem steilen Hang unterhalb der Leppener Hütte. Ein idyllischer verwilderter Platz, mit beerenlosen Himbeersträuchern und langen Riedgräsern, über die der milde Tauernwind nun in sanften Wellen hinlief. Ich setzte mich auf einen einladenden Baumstumpf und verschnaufte. Und weil es so gemütlich war dort, da kam mir die Idee: Warum nicht hier weiterschreiben? Ein bisschen Strom hatte ich ja wieder, und hier saß man ganz famos und hatte die größte Ruhe, die sich denken lässt.

Wenn nur nicht so viele blühende Gräser da gewesen wären! Bei diesem schönen Wetter musste ich so schon dauernd niesen.

Ich packte trotzdem meine Utensilien aus. Als ich zu schreiben begann, bemerkte ich, dass meine Brillengläser mit Schweiß verklebt und schmutzig waren, so dass ich Schwierigkeiten hatte, die Buchstaben zu erkennen. Die Brille musste also dringend geputzt werden.

Etwa gleichzeitig meldete sich ein zweites äußerst dringendes Geschäft bei mir. Jenes Geschäft, welches notfalls, nämlich wenn das dafür bestimmte Örtchen nicht in der Nähe ist, beiderlei Geschlechter in hockender Stellung erledigen müssen, in, mit Verlaub gesagt, Gottes freier Natur.

Drittens nun, denn aller guten Dinge sind drei, war meine Nase gerade in dem Moment wieder einmal derart gereizt durch die leidigen Pollen, dass sie dringend gründlich geschnäuzt werden musste, damit ich wieder Luft kriegte, und damit es beim Schreiben nicht ständig auf mein Notebook hinuntertropfte.

Alle diese drei anstehenden Tätigkeiten kann man mithilfe von Papiertaschentüchern zu einem ziemlich befriedigenden Ende führen.

Wenn man nun, wie ich damals, leider nur mehr ein einziges Taschentuch in seiner Hosentasche vorfindet, und daher mit diesem einen das Auslangen finden muss, so werden Sie mir, geschätzte Damen und Herren, und das ist auch schon das Ende meiner Geschichte, wohl recht geben, wenn ich bei der Durchführung der drei zu erledigenden Aufgaben auf eines besonderen Wert legte: auf die richtige Reihenfolge.

Alle Zuhörer lachten, nur Eva sagte pikiert pfui, wie es sich für eine wohlerzogene junge Dame gehört. Talent zum Erzählen müsse sie Pepi aber zubilligen, fügte sie hinzu. Noch nie zuvor sei ihr eine Geschichte begegnet, die einen derart unappetitlichen Inhalt in so wohlgesittete Worte verpackt.

Der achtjährige Florian, der längst, aber offenbar vergeblich zu Bett geschickt worden war, hatte für solche sprachliche Geziertheiten hingegen nicht viel übrig: Er ließ es sich nun, trotz Peters väterlicher Schelte, nicht nehmen, uns sämtliche theoretisch möglichen „Reihenfolgen" in epischer Breite und in nichts zu wünschen übrig lassender Anschaulichkeit auszumalen.

HUNDE

Eigentlich wollte ich schreiben. Doch mir fiel nichts ein. So ging ich auf die Bank.

Dort, auf der Raiffeisenkasse, habe ich dann irgendetwas Entsetzliches angestellt. Wahrscheinlich habe ich den Kassier erschossen. Ich bin plötzlich so verwirrt, dass ich nicht einmal weiß, was genau geschehen ist. Aber das ist jetzt egal. Der Alarm ist nämlich ausgelöst worden, man hört schon die Folgetonhörner der anrückenden Polizei. Mir ist ganz heiß. Nichts wie weg hier. Auch die Beute von einer geschätzten halben Million ist mir jetzt egal. Ich lasse sie samt der Tasche stehen. Ich muss nur noch schauen, dass ich selbst hier halbwegs heil wegkomme. Vielleicht habe ich ohnehin keine Chance mehr.

Forsch, mit dem Mut der Verzweiflung, trete ich vor die Tür. Rasche Orientierungsblicke rundum, links, rechts.

Zu sehen ist noch nichts, aber nach dem von mehreren Seiten anschwellenden Tatü-tatü zu schließen, müssen sie jeden Moment auftauchen. Ich schlage mich nach links, die Hausmauer entlang, es müsste noch möglich sein zur nächsten Seitengasse ... Verdammt! Sie biegen schon ein! Mehrere Einsatzwagen bleiben quietschend stehen, Polizisten springen gleichzeitig aus allen Türen, rennen los.

Typisch, dass sie mich noch unbeachtet in eine Seitengasse entschlüpfen lassen, obwohl sie mich eigentlich gesehen haben müssen. Ich habe sogar in ihre Richtung gegrüßt. Ja, einer hat sogar zurückgegrüßt. Wie die Idioten stürmen sie trotzdem alle zuerst einmal an den Tatort, in die Bank rein. Als ob der Täter verpflichtet wäre, dort auf sie zu warten.

Fürs Erste einmal entkommen. Jetzt kann es doch nicht mehr schwer sein, mich irgendwo zu verstecken, denke ich. Zumindest bis sich der ärgste Rummel gelegt hat. Ich laufe, etwas geduckt — aber nicht zu auffällig. Ansteigende Seitengassen mit niedrigen Häusern, Gärten mit alten morschen Schuppen, Werkstätten, dichtem Gebüsch. Eigentlich lauter gute Verstecke, denke ich. Beim

Näherkommen aber, immer wenn ich mich entscheiden müsste, hier zu bleiben, erfassen mich Zweifel. Das von ferne vielversprechendste Versteck erscheint, kaum bin ich dort angelangt, doch nicht sicher. Nicht sicher genug. Hier eine unerwartete Fensterfront gegenüber, da ein naher Hintertreppen-Fußpfad oder irgendeine andere vertrackte Kleinigkeit als versteckte Gefahrenquelle.

Es muss noch unauffindbarere Verstecke geben, nahezu ideale Verstecke, Verstecke, geborgen wie eine Heimat in der eigenen Vergangenheit, sicher wie die selige Ewigkeit. Ich haste weiter, immer die Gasse hinauf. Die Enttäuschung beim Näherkommen wiederholt sich. Wenn ich nicht bald einen Schlupfwinkel finde, geht mir die Puste aus. Und dann haben sie mich.

Nach dem letzten Haus wird die Straße zum Feldweg, und als auch der endet, keuche ich weiter über eine Wiese, mitten durch hohes Gras. Nahe dem Waldrand stoße ich auf ein verlassenes Gütlein. Halbverfallene Gebäude, von Gestrüpp und Bäumen fast zugewuchert. Ein Stoß Holzscheiter, bemoost und oben schon mit Gras bewachsen, lehnt sich gegen die verwitterte Wand eines Heustadels. Ich biege einen Ast einer dichtbelaubten Hollerstaude zur Seite und entdecke wie vermutet zwischen Stadelplanke und Holzstoß einen schmalen Hohlraum.

Die Entscheidung fällt sofort: Das wird mein Versteck! Schwer atmend halte ich einige Momente inne, dann zwänge ich mich hinein. Krieche auf allen vieren einen, zwei, noch einen halben Meter voran, im Dunkeln. Da erweitert sich der Hohlraum ein wenig. Hier bleibe ich erst einmal liegen. Schweißnass klebt das Gewand an mir. Lange noch hämmert mein Herz, rasselt der Atem, bis ich endlich etwas zu Kräften komme. Ich richte mir mit ein paar hinuntergefallenen Scheitern eine Art Hocker und setze mich darauf. Es riecht nach Harz, Moder und Holunder in der dunkelgrünlichen, fast heimeligen Dämmerung, die mich umgibt. Völlige Stille, nur gelegentlich leises Knacken im Holz, oder ein entfernter Vogellaut. Hier lässt es sich eine Weile aushalten, denke ich. Wenigstens bis die ärgste Gefahr vorüber ist. Von mir aus bis in die Nacht.

Dann fallen mir die Hunde ein.

Teufel, die Hunde! Daran habe ich nicht gedacht. Sie werden die Hunde einsetzen. Ein Hund sieht in das undurchdringlichste Versteck. Denn der Hund sieht nicht mit dem Auge. Der Hund benutzt die Nase. Er riecht dich. So klar riecht er dich, als stündest du nackt vor ihm, mitten auf dem Dorfplatz. Was hilft mir jetzt meine Unsichtbarkeit, der schützende Scheiterstoß, die schattige Hütte, die bergende Hollerstaude? Es ist, als ob sie gar nicht da wären. Nackt bin ich. Das raffinierteste Versteck hilft dir nichts, das ist mir jetzt klar. Ich schwitze. Alles hilft nichts, wenn sie die Hunde einsetzen. Und sie werden sie einsetzen. Natürlich werden sie sie einsetzen. Vor einem Menschen kannst du dich verstecken, rede ich jetzt laut mit mir selbst, einen Menschen magst du täuschen. Einem Hund kannst du nichts vormachen, er ist zu klug dazu oder zu dumm. Seine Nase ist nicht zu täuschen.

Ich fühle mich ausgeliefert und sehe die Szene meiner Verhaftung schon vor mir: ein Rudel riesiger Hunde, die aufgeregt bellend vor dem Scheiterstoß herumspringen, bis der erste den Einschlupf gefunden hat. Ungestüm drängen die andern nach, ich krieche verzweifelt noch weiter nach hinten, bleibe in dem immer enger werdenden Zwischenraum stecken, fühle mich schon am Bein, an den Kleidern, im Genick gepackt. Ich schreie um Hilfe. Eine Megaphonstimme, die mich zum Verlassen des Verstecks auffordert, mit erhobenen Händen, versteht sich. Ich komme ja, schreie ich. Man pfeift die Hunde zurück. Raue Polizistenbefehle, in feiger Übermacht, demütigende Püffe und Stöße, das Klicken der Handschellen. Ohnmächtige Lähmung. Mir wird immer heißer. Das Gewand klebt mir auf der Haut. Die schweißfeuchte Kopfhaut juckt. Ich kratze und kratze. Die nassen Haare stehen mir in wilden Büscheln zu Berge.

In letzter Not reiße ich eine Idee heraus, heraus aus dem heißen Gedankenstrom, der mir fiebrig durch den Kopf flutet:

Das sicherste Versteck, das einzige wahre Versteck, sage ich mir kühn, ist dort, wo das Gegenteil eines Verstecks ist. Sich an einem einsamen Ort zu verkriechen hilft nicht – es hilft nur die Flucht nach vorne, mitten auf das Schlachtfeld: Das sicherste Versteck, das einzig wahre Versteck, sind Menschenansammlungen.

Wo aber, wo? Wo sind hier Menschen?

In einiger Entfernung müsste irgendwo hier ein Parkplatz sein. Vielleicht finde ich ihn?

Ich spähe durch eine Lücke im Scheiterstoß. Nichts ist zu sehen als Gras. Ich ziehe ein lockeres Scheit aus dem Stoß, um den Sehspalt zu vergrößern.

Na also! Da ist er ja, der Platz. Und am steinernen Geländer vorne, da stehen, glaube ich, Menschen. Natürlich. Das sind Leute. Sieht ganz danach aus.

Da stehen immer Leute, erinnere ich mich, Leute, die die schöne Aussicht genießen.

Oder sind es diesmal schon sensationslüsterne Neugierige, die etwas von dem Verbrechen gehört haben? Nein, da wären sie nicht so ruhig. Nein, eher Familien, Ausflügler.

Egal, für lange Überlegungen ist es zu spät. Es ist meine einzige Chance, mich so rasch als möglich unauffällig unter diese Leute zu mischen. Aussehen soll es, als ob ich die ganze Zeit schon dort gewesen wäre. Wäre günstig. Falls die Meute Polizisten auftaucht. Garantiert sind die bald da.

Nein, wir sind schon die ganze Zeit hier, würde sicherlich dann irgendeiner, so ein ruhiger Familienvater, ein Vertrauen erweckender, auf ihre Fragen antworten. Das wäre gut. Nein, da ist niemand heraufgekommen, würde er beteuern. Oder habt ihr, würde er sich dann an seine Familie wenden, jemand herkommen sehen? Und alle würden dann verneinen. Höchstens würde der eine oder andere denken: Na ja, der Typ da, der gehört streng genommen nicht zu uns.

Und mit „der Typ" würde er mich meinen. Aber er würde nichts sagen.

Der Typ ist sicher harmlos, würde er denken, und wenn er schon mit uns geplaudert hat, so gehört es zur Gastfreundschaft, dass wir ihn nicht einem wahrscheinlich ohnehin absurden Verdacht preisgeben.

Und die Polizisten würden wieder gehen. Sich vorher vielleicht für die Störung entschuldigen. Es habe nämlich einen Bankraub gegeben, würden sie stolz sagen, und eine Schießerei, würden sie sagen. Aber mehr würden sie nicht sagen. Sie würden so den Eindruck von geheimnisumwitterten Helden machen, für die so etwas Alltag ist und kaum der Erwähnung wert. Und das erneute Schnüffeln ihrer Hunde an meiner Hose, ihr Knurren, würden sie überhören oder falsch deuten. Und die Hunde für ihre Unverlässlichkeit schelten. Vielleicht würde ich, um meinen Triumph voll auszukosten, sogar noch einen der Hunde zu kraulen versuchen, und sagen: Brav ist er, der Bello! Und der Bello würde vielleicht noch nach mir schnappen, weil er sich als Einziger nicht täuschen lässt.

Pfui!, würde der Polizist sagen, Platz! Ihm vielleicht sogar eins überziehen, wenn er noch einmal meldete. Und sich bei mir persönlich entschuldigen. So ähnlich oder noch harmloser würde es ablaufen.

Gedacht, getan: Ich verlasse mein Holzstoß-Versteck, schlage mich durch Wiese und Gebüsch und durchquere dann ein mannshohes Maisfeld. So gelange ich ungesehen bis unmittelbar zum Rand des Parkplatzes. Die letzten Meter gehe ich verkehrt und bleibe auch so stehen. Ich räuspere mich laut und huste. Dann pinkle ich auffällig zwischen die Maisstauden.

Jeder muss jetzt glauben, ich bin einfach kurz ausgetreten.

Gleich darauf nähere ich mich schlendernd einer Gruppe Leute. Es sind zwei Paare. Sie stehen, an der steinernen Einfassung, die Ellbogen aufgestützt, und schauen ins Dorf hinunter.

Auch ich lehne mich, einige Meter daneben, behaglich auf die Brüstung. Irgendwann rücke ich ihnen „zufällig" näher, während ich angestrengt in die Gegenrichtung hinunterschaue.

Ist was Besonderes los unten?, frage ich schließlich wie beiläufig die am nächsten stehende Person, ein hübsches Mädchen, und setze gleich nach: Haben Sie Feuer?

Sie mustert mich mit einem unfreundlichen Blick, der sagt: Was will der denn hier? Wir schauen nur so mit dem Fernrohr herum, sagt sie kurz angebunden und wendet sich ab. Und Feuer haben wir keins, sagt er, ohne den Gucker abzusetzen, mit dem er weiterhin ins Dorf hinunterstarrt.

Ich würde auch gerne einmal durchsehen. Darf ich?

Ihr Begleiter und sie schauen einander vielsagend an. Ohne ein Wort reicht mir der Mann mit ausgestreckter Hand den Feldstecher. Ich setze ihn an und tue so, als ob ich interessiert schauen würde. Dann aber sehe ich zufällig wirklich etwas Interessantes: Gerade erscheinen seltsame Silhouetten auf der Kuppe einer Geländeunebenheit: Es sind Uniformierte. Ein Trupp Polizisten. Und: Hunde!

Natürlich Suchhunde. Sie sind unterwegs in unsere Richtung.

Schärft die Angst mir die Ohren, oder bilde ich es mir ein? Ist da nicht schon fernes Gebell zu vernehmen?

Erstarrt lausche ich, drehe unmerklich ein Ohr dem Tal etwas zu, mein Blick schlüpft aus dem Fernrohr zurück. Schielt angestrengt nach dem eigenen Tal-Ohr. Nichts mehr zu hören.

Der Fernrohrmann hält seine Hand immer noch zu mir ausgestreckt, er will offensichtlich den Gucker sofort wieder zurück.

Freundlich sind sie ja nicht gerade, denke ich. Als ich ihm das Glas reiche – plötzlich lautes Hundegeknurr aus nächster Nähe. Beinahe wäre mir der Gucker zu Boden gefallen, so erschrecke ich. Da sehe ich: Er, der Guckermann selbst, hat ja einen Hund! Gott sei Dank. Es war nur sein Hund!

Das Mädchen und das andere Paar mustern mich abschätzig, dann geht die Gruppe ohne Gruß weg. Der Hund bleibt sitzen und beäugt mich.

Bei Fuß, schreit der Mann im Gehen über die Schulter zurück. Der Hund steht auf, lässt mich nicht aus den Augen und knurrt. Sofort bei Fuß, Hasso!, schreit der Mann.

Der Hund läuft hin und her, läuft um mich herum. Er fixiert mich unablässig. Geh schon endlich.

Er setzt sich wieder nieder.

Ich gehe einen Schritt auf ihn zu, beuge mich hinunter. Ja brav ist er, der Hasso, sage ich ruhig, ein ganz ein braver. Ja brav ist er, gelt? Er lässt mich jetzt gleich weggehen, der brave Hasso. Geht brav zu Frauli und Herrli! Mir brennt nämlich, sage ich ganz langsam und ruhig, mir brennt der Hut. Sollte längst weg sein, das verstehst du doch, Hasso, du ganz braves Hassohundilein!

Ich greife ihm an den Nacken, versuche ihn zu kraulen. Hasso knurrt, schnappt nach meiner Hand. Ich zucke zurück. Ja brav ist er, sage ich zitternd.

Hasso fährt auf meine Beine los, verbeißt sich in meine rechte Wade. Er knurrt böse. Der Biss schmerzt heftig. Trotzdem entkommt mir kein Laut, während Hasso mich an meiner rechten Wade erregt hin und her zerrt. Er dreht mich, der ich auf dem linken Bein hüpfe, wie einen Kreisel.

Bei Fuß, Hasso!, schreit der Mann, ohne deswegen zurückzukehren. Pfui, Hasso! Sofort kommst du her! Platz, Hasso!

Der Hund lässt mein Bein los, aber nur ein paar Schritte ärschlings weicht er zurück, bellt immer wieder, zittert. Sein starrer Blick weicht keine Sekunde von mir ab.

Komm sofort her!, schreit der Guckermann noch einmal. Die ganze Gruppe macht kehrt und nähert sich wieder. Auch die anderen Leute auf dem Parkplatz beginnen aufmerksam zu werden.

Hasso bellt. Aus dem Wäldchen unterhalb antwortet ihm ein ganzes Rudel.

Ich nehme Reißaus. Renne Hals über Kopf in den Wald hinein.

Es ist nur mehr eine Frage von Sekunden, bis sie mich haben, das ist klar. Von vielen scharfen Hunden gestellt, angefallen, an der Gurgel gepackt, zu Boden geworfen, von Polizei umzingelt. Und als Letztes wird Rosa auftauchen, unter den Schaulustigen, und mich ungläubig anstarren. Du? Du bist der Mörder? Der Bankräuber? Wieso? Ich dachte, du wolltest eine Geschichte schreiben?

Vermutlich eine Baumwurzel, die ich übersehen habe, muss mich schließlich, bereits wenige Meter später, endgültig zur Strecke gebracht haben. Ich stürze.

*

Als ich erwache, liege ich auf einer Tragbahre. Zwei Sanitäter wollen mich gerade wegtragen.

Halt! Moment! Er ist gerade aufgewacht, sagt ein Mann, der mit den Händen vor meinem Gesicht herumfuchtelt.

Hallo, sagt er jetzt zu mir, hallo Herr Haas!

Die Ellbogen auf die Bahre gestützt, versuche ich mich aufzurichten. Hallo, hauche ich.

Na, da haben wir noch einmal Glück gehabt, lieber Herr Haas! Scheinbar ist Ihnen nicht viel passiert, sagt der Mann. Jetzt erkenne ich ihn: Es ist Herr Schirhuber, der Direktor unserer Raiffeisenfiliale. Besitzer einer großen Dogge übrigens.

Er fuchtelt wieder mit etwas herum, direkt vor meinem Gesicht. Sie haben etwas Wichtiges bei uns auf der Bank liegen lassen, sagt er. Gott sei Dank haben wir Sie noch rechtzeitig gefunden!

Liegen lassen? Was denn liegen lassen?

Statt einer Antwort reicht er mir einen Plastikbecher mit Wasser und drückt mir etwas kleines Rundes in die andere Hand. Es ist eine 400 mg-Tablette „Bellami" – mein Dauermedikament gegen Panikattacken und Hundephobie.

WOLFGANG GLECHNER wurde 1951 in Ach an der Salzach, Oberösterreich, geboren. Nach diversen Studien arbeitete er als Buchhändler, Volksschullehrer, Kellner, seit 1990 freischaffend als Künstler, lebt in Wien, wo auch die meisten seiner Erzählungen angesiedelt sind.

Bisher im Verlag erschienen:
„Jetzt schlagt's Dreizehn", *Fünf Geschichten im Dialekt*
ISBN 978-3-85252-991-2

Der Autor möchte allen danken, die ihn unterstützt haben, v. a. Claudia Glechner, Gerhard Grasböck, Dr. Rainer Clauss, Hilde Schmolmüller, Eva Kern, Maria Winkler und DDr. Manfred Winkler, Ursula Schipfer, Gottfried Glechner, Gerhard Ruiss, Yu Hui, Dr. Frederik Lehner und dem Verlag – Mag. Richard Pils und seinen MitarbeiterInnen.

Verlag Bibliothek der Provinz

Literatur, Kunst und Musikalien